아직은 가족,

끝까지 가족

아직은 가족, 끝까지 가족
김성우 변호사의 상속, 성년후견, 이별 이야기

© 김성우, 2024. Printed in Seoul, Korea

초판 1쇄 펴낸날	2024년 1월 24일
초판 2쇄 펴낸날	2024년 1월 31일
지은이	김성우
펴낸이	한성봉
편집	최창문·이종석·오시경·권지연·이동현·김선형·전유경
콘텐츠제작	안상준
디자인	권선우·최세정
마케팅	박신용·오주형·박민지·이예지
경영지원	국지연·송인경
펴낸곳	도서출판 동아시아
등록	1998년 3월 5일 제1998-000243호
주소	서울시 중구 퇴계로 30길 15-8 [필동 1가 26] 무석빌딩 2층
페이스북	www.facebook.com/dongasiabooks
전자우편	dongasiabook@naver.com
블로그	blog.naver.com/dongasiabook
인스타그램	www.instargram.com/dongasiabook
전화	02) 757-9724, 5
팩스	02) 757-9726

ISBN   978-89-6262-051-1   03360

만든 사람들

총괄 진행	김선형
책임 편집	전인수
교정 교열	김대훈
크로스교열	안상준
디자인	페이퍼컷 장상호

김성우 지음

아직은 가족, 끝까지 가족

김성우 변호사의 상속, 성년후견, 이별 이야기

동아시아

김성우

서울대학교 법과대학을 졸업하고 사법연수원을 31기로 수료했다. 서울중앙지방법원을 시작으로 서울북부지방법원, 부산지방법원, 수원지방법원 안양지원에서 판사로 일했으며, 2013년부터 6년간 서울가정법원에서 가사소년사건 전문법관을 지냈다. 2019년 서울가정법원 부장판사를 끝으로 퇴직하고 법무법인(유) 율촌에 합류했다. 율촌에서는 현재 개인자산관리센터장, 상속·가업승계팀, 가사·후견팀을 맡고 있다. 2020년부터는 서울대학교법학전문대학원 객원교수로 가사법을 강의하고 있다.

가정법원에서 소년재판을 경험하고 삶과 재판을 보는 시각이 변화되었다고 고백한다. 가사소년사건을 다루며 우리 시대 수많은 모습의 가족을 만났고 이를 통해 재판에서 '법리와 사실'만큼 '진심과 애정'이 중요하다는 사실을 알게 되었다고 한다. 변호사가 되어서도 보건복지부 치매공공후견인 후견사무매뉴얼을 책임 연구하고, 법무부 가족법 개정 특별위원회 위원으로 활동하는 등 가족법 발전을 위해 힘쓰고 있다. 현재 상속, 후견, 이혼 등 가사 분야에서 국내 최고 전문가 중 한 사람이다. 지은 책으로 『성년후견실무』, 『주석 민법』(공저)이 있다.

일러두기

1 책은 저자가 《중앙일보》, 《법률신문》, 《조선비즈》, 《한경머니》, 《브라보마이라이프》 등에 기고한 글과 새로 집필한 글로 엮었다.
2 각 부 첫 장의 내용은 김재중 기자와의 인터뷰를 바탕으로 정리하였다.
3 본문에 제시된 사례는 실제 사안과 판례를 기반으로 하지만 개인정보보호와 설명의 편의를 위해 각색되었다.

프롤로그

인생이 한 판의 축구 경기라면, 누군가는 아직 전반전이어서 남은 경기를 뛰기 위해 힘을 비축하고 있을 수 있고, 누군가는 하프타임을 보내며 인생 역전을 위한 새로운 전략을 짜고 있을 수도 있다. 또 어떤 사람들은 치열한 공방 끝에 평생 꿈꾸어 오던 멋진 인생 후반전을 마음껏 누리고 있거나, 연장전 추가시간도 끝나가 잠잠히 지나간 경기를 되돌아보며 마음을 정리하고 있을 것이다. 여러분의 인생은 어디쯤을 지나고 있는가?

인생길의 어디쯤 살아가고 있는지는 단순히 나이나 건강 상태, 사회적 지위나 성취만으로 알 수 있는 것은 아니다. 모든 사람이 언젠가는 반드시 죽게 되어 있고, 이 땅에서의 삶의 끝이 언제인지는 오직 하나님만이 알고 있다. 나에게 주어진 경기 시간은 인생 경기장을 나오기 전까지는 그 누구도 알 수 없다.

형사단독 판사로서 근무하고 있던 40대 초반, 치명적인 질병으로 인생 경기를 중도에 그만둘 뻔한 위기를 겪었다. 죽음이 바로 눈앞에 다가온 순간 그토록 중요하게 생각하던 성공이나 명예는 다 부질없었다. 손에 꼭 쥐고 있던 모든 것을 다 놓아버리고 가난해질 대로 가난해진 마음으로 오직 가족과 조금 더 시간을 보낼 수 있기만을 기도했다. 감사하게도 내 인생 경기의 심판은 레드카드를 꺼내지 않았다.

건강 회복을 위해 상대적으로 업무 부담이 적은 법원을 찾기로 했다. 주위 판사의 조언을 듣고 나서 그 전까지는 단 한 번도 관심을 가져본 적이 없었던 가정법원에 지원하게 됐다. 그곳에서 만난 가정법원 판사들은 '마음'으로 재판한다는 말을 하곤 했다. 내심 재판은 '마음이나 진심'이 아닌 '법리와 사실'로 하는 것일 뿐이라고 생각했다. 하지만 소년재판을 담당한 지 몇 개월도 지나지 않아 경솔한 생각이었음을 깨달았다.

가정법원의 업무는 예상과 달리 일반 민형사 법원 업무에 비해 결코 수월하지 않았다. 오히려 다시 건강을 잃을 수 있겠다는 걱정을 할 정도로 심리적, 정서적 부담이 심했다. 가정법원에서 이루어지는 재판은 자주 관련인들의 마음을 흔든다. 재판을 받는 사람뿐 아니라 재판을 하는 사람도 예외가 아니다. 재판 과정에서는 아플 만큼 절망적인 순간도, 넘칠 정도의 감격스러운 순간도 있었다. 어쩌면 가정법원 재판에서는 사람에 대한 '진심과 애정'이 '법리와 사실'만큼 중요할 수 있겠다는 생각을 하게 됐다. 나를 아직 경기장에서 내보내지 않은 이유가 여기에 있었을지 모른다는 생각도 들었다. 소년재판을 하면서부터 세상을 바라보는 내 시선은 완전히 달라졌다. 이제 나는 재판정에서 또 그 밖에서 사람들과 함께 울고 웃었다.

몇 개월 동안의 고민 끝에 가정법원에서 최장 7년 동안 근무할 수 있는 가사소년사건 전문법관에 지원했다. 그리고 그곳에서 갈 곳을 잃어 방황하는 소년, 인지장애를 겪는 노인, 사랑의 기억도 흔적도 찾을 수 없는 부부, 몇 시간 후 아빠와 살게 될지 엄마와 살게 될지 알지 못하고 기다리는 아이들, 늙고 병든 부모를 부양하지 않겠다고 버티는 자녀들, 부모의 재산을 두고 싸움을 벌이는 사람들을 만났다. 위태로운 가족들을 보는 것은 재판일지라도 쉽지 않았다. 그럼에도 그들과 함께 고민하고 씨름한 시간이 내 인생에서 가장 가치 있고 보람된 시기였음을 확신한다. 지금은 그때와 똑같은 마음은 아니지만, 더 깊이 그들의 아픔과 어려움을 바라볼 수 있게 되었다.

가정법원 판사로 일했고 이제는 가사·상속 사건을 주된 업무로 하는 변호사로서 내가 다루려 하는 것은 '인생 후반전'이다. 그리고 어쩌면 경기를 지배하는 '가족'의 문제를 이야기하고자 한다. 가정과 노후에 대한 법률적인 문제와 실상들은 우리에게 인생의 황혼에 대비해 무엇을 어떻게 준비해야 하는지에 대해 생각할 기회를 줄 수 있다.

노후를 걱정하게 하는 것은 비단 신체적인 건강만은 아니다. 평균 수명이 늘어나면서 정신적, 정서적인 건강도 중요해졌다. 모든 사람이 인생의 끝에 이르기까지 아프지 않고 행복하게 지내고 싶어 한다. 하지만 그럴 수 없는 경우가 많다. 평생 들어보지 못했던 질병을 겪기도 하고 갑작스럽게 사고를 당하기도 한다. 기억이나 인지능력이 서서히 희미해지기도 한다. 때로는 관계의 어려움이 질병 못지않은 고통을 준다. 또한 나의 역량이 점점 줄어 누군가에게 기대야만 할 때 우리는 종종 무너져 내린다.

자신의 상황과 주변 관계가 급격히 변화하며 위기를 겪을 수 있는 시기가 인생 후반전이다. 그러나 다행인 것은 우리가 문제들에 앞서 미리 대비할 수 있다는 것이다. 우리는 앞으로의 시간을 그리고 어쩌면 이 땅에서의 죽음 후까지도 준비할 수 있다. 그러려면 먼저 어떤 일이 일어날 수 있는지부터 생각해야 한다. 누구나 시간이 지나면 병들 수 있고 예상치 못한 때에 죽음을 맞이할 수 있다. 또한 항상 든든하게 자리를 지키던 배우자가 이별을 고할 수도 있다. 가족들이 나의 재산을 두고 서로 치열하게 다툴 수 있다는 것도 인정하고 받아들여야 한다. 그러고 나면 그런 일이 벌어지지 않도록 노후의 삶과 사후를 준비할 수 있다. 그 과정과 방법을 함께 고민하고 도움을 주고자 책을 썼다.

사람은 서로 다르기 때문에 노후와 사후에 대한 설계와 실행에 정답은 있을 수 없다. 그러나 확실한 것은 누구나 자신이 살아온 삶이 의미 있는 삶이었으면 한다는 점이다. 남겨진 사람들이 자신을 의미 있는 모습으로 추억하길 원하며, 자신이 살아오면서 추구한 가치가 잘 전달되고 기억되길 바란다. 다른 사람에게 일어난 일이지만 어쩌면 나에게도 발생할 수 있는 불행 그리고 언제일지 모를 영원한 이별을 미리 꺼내어 고민하는 것은 결코 유쾌한 일이 아닐 수 있다. 하지만 어쩌면 바로 지금 여기에서의 고민이 앞으로 우리네 삶의 방향을 결정할지 모를 일이다.

여러분에게 남아 있는 경기의 시간이 얼마인지, 몇 점을 얻었는지, 당장 역전을 할 수 있는지는 중요하지 않다. 어떤 상황이든 우리는 의미를 남길 수 있다. 그리고 아직은 나의 사랑하는 가족이 옆에 있다. 이 책이 당신에게 주어진 경기를 가장 자신답게 그리고 가치 있게 마무리할 수 있도록 돕는 작은 길라잡이가 되었으면 한다.

차례

5부 가족의 무게―가족과 부양

아직은 가족, 끝까지 가족

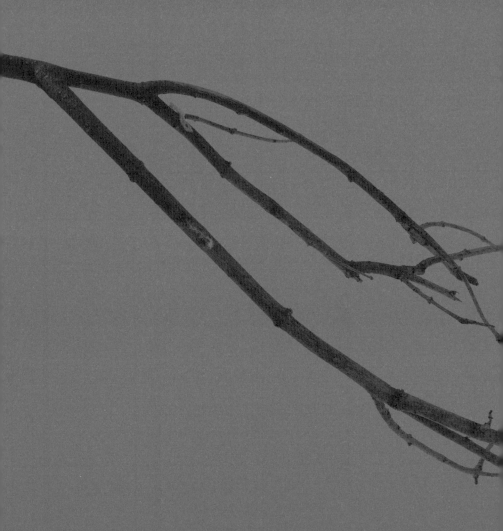

위대한 유산
—상속

1

죽음, 사람, 재산

"호랑이는 죽어서 가죽을 남기고 사람은 죽어서 이름을 남긴다"라는 속담이 있다. 살아 있을 때 훌륭한 일을 한 사람은 죽어서도 사람들에게 오래 기억된다는 뜻일 것이다. 하지만 법률적으로 사람은 사망함으로써 그 사람이 가지고 있던 모든 인격적, 재산적 권리를 잃는다. 그리고 죽은 사람의 재산은 많고 적음을 떠나 심지어 빚밖에 남은 것이 없다고 하더라도 누군가에게 남겨진다. 이처럼 사람이 죽음으로 인하여 그 재산상의 법률관계가 다른 사람에게 포괄적으로 승계되는 것을 '상속相續'이라고 한다.

상속을 구성하는 핵심 요소는 죽음, 사람, 재산이다. 타인에게 재산을 무상無償으로 넘겨준다는 점에서 상속은 '증여'와 그 효과가 유사하다. 하지만 상속은 재산의 소유자가 죽은 뒤에 진행된다. 죽음을 앞둔 사람이 재산을 타인에게 나눠주는 것도 세간에서는 상속이라고 부르기도 하지만 엄밀히 말하자면 증여이다.

상속은 죽음에서 비롯되기 때문에 물려주는 사람, 즉 피상속인이 자신의 사후에 유산이 어떻게 처분되는 것이 좋을지에 대해, 생전에 구체적인 계획을 세우고 그것을 표현했는지에 따라 그 재산의 처리 방향과 절차는 달라진다. 피상속인이 상속에 대한 의사를 '유언遺言'과 같은 방법으로 명확하게 밝히지 않았거나 밝혔더라도 법에 어긋나 효력이 없게 되면 재산을 물려주고 물려받는 일은 복잡해질 수밖에 없다. 물려받는 사람, 즉 상속인의 범위와 순위를 어떻게 정할 것인가? 상속인의 범위와 순위가 정해졌다면 배분 비율은 어떻게 되는 것인가? 배분 비율을 정한 이후에도 상속재산 중에 구체적으로 어떤 재산을 누가 가져가고 어떻게 나눌 것인가? 우리 민법은 이런 문제들에 관한 원칙과 절차를 정해두었고, 상속인들 사이에 분쟁이 일어나면 법원이 그 원칙과 절차에 따라 정해준다.

상속제도는 피상속인의 유산을 일정한 범위의 친족에게 승계하여, 피상속인이 죽더라도 유족들의 생활을 보장하며, 상속인의 상속재산에 대한 기여를 보상하는 기능을 한다. 이러한 기능은 시대적 변화에 민감할 수밖에 없다. 가족이나 친족의 범위, 가족 내 유대와 결속력 등이 사회문화적 상황에 따라 변화하기 때문이다. 과거 씨족 중심의 농경 사회에서는 친족의 범위가 '사돈의 팔촌'까지 넓었고, 가족 사이의 유대감도 매우 강해 친족의 재산을 곧 '집안의 재산'으로 여기기도 했다. 하지만 현대 산업사회에 접어들면서부터 친족의 범위가 좁아지고 유대감도 점차 약해져 가문 또는 일가의 재산, 즉 가산家産이라는 개념은 거의 찾아볼 수 없게 되었다.

이러한 변화가 상속제도에도 반영되었다. 상속인의 범위와 순위, 배분 비율 등이 그 시대의 사회적, 문화적 관행과 분위기에 따라 변모한 것이다. 우리 상속제도에서 가장 큰 변화 하나를 꼽으라면 여성의 지위와 관련된 부분이다. 가부장적 문화가 강하게 남아 있던 과거에는 상속제도 역시 여성에게 불리했다. 딸의 법정상속분[1]이 아들과 비교해 절반에 그치고 결혼한 딸은 출가외인이라는 이유로 4분의 1밖에 받지 못했던 시절이 있었다. 남편이 죽었을 때와 아내가 죽었을 때 배우자의 상속 순위나 상속분을 달리 취급하기도 했다. 지금은 법정상속분에서 아들과 딸의 구분이 없고 배우자의 경우도 남녀 구분 없이 같은 순위와 비율로 상속받는다.

호주제 폐지도 상속제도에 큰 변화를 불러온 사건이다. 호주제가 있던 시절에는 집안의 가장을 뜻하는 호주 지위를 상속의 대상으로 삼아, 호주를 승계하는 사람에게 법정상속분의 2분의 1이 더해졌다. 호주는 남성 그중에서도 장자가 승계하는 것이 일반적이었다. 호주제가 폐지되면서 호주 승계자에게 상속분을 가산해

---

1 상속재산에 대한 상속인 각각의 배분 비율로서 민법에 규정되어 있는 것을 말한다. 피상속인이 유언으로 정하지 않았거나 상속인들 사이에 협의가 이루어지지 않을 때, 법원이 상속재산을 나누는 기준이 된다.

주는 제도도 사라졌다. 부모가 딸보다 아들에게, 둘째보다 첫째에게 많은 재산을 유산으로 남기는 풍습이 아직 완전히 사라지지는 않았지만, 법정상속분에서만큼은 상속인의 성별이나 나이에 상관없이 평등해졌다.

그렇다고 해서 상속제도를 둘러싼 논쟁이 끝난 것은 아니다. 가족 및 친족의 개념과 범위는 계속해서 변화하고 있고, 현행 제도가 공평하고 합리적인가에 대한 의문은 끊임없이 제기되고 있다. 일반적으로 법률은 사회 변화를 실시간으로 반영할 수는 없고 대체로 뒤쫓아 갈 수밖에 없다. 법률과 그 법률의 적용 및 집행은 사회 변화를 반영하는 것 못지않게 법적 안정성이나 기존 법률에 대한 사람들의 신뢰나 예측도 보호해야 한다. 상속에 관한 제도와 법률이 많은 변화를 거쳤음에도 여전히 시대를 충분히 반영하지 못한다고 비판받는 것도 이 때문이다.

어떤 현상을 규율하는 법률이 사회 변화로 인해 현실과 동떨어지고 불합리하다는 비판이 높아지면 폐지나 개정 수순을 밟는다. 그 전에 판례가 바뀌거나 헌법재판소의 위헌 결정이 내려지는 경우도 있다. 바뀐 법은 사회를 바꾸고, 변화한 사회가 다시 법에 영향을 미치면서 세상이 굴러간다. 이러한 현상은 가족법 분야 전반에서도 나타난다.

여성에게 불합리한 상속제도와 남성과 장자 중심의 호주제에 대한 사회적 비판이 오늘날의 법과 제도를 정착시킨 것처럼, 21세기 한국 사회에서 급속도로 변화하고 있는 가족의 개념은 관런 법규를 바꾸는 동력으로 작용하고 있다. 최근에는 여자도 제사의 주재자主宰者가 될 수 있다는 대법원 판결이 나오기도 했다. 뿌리 깊은 유교적 전통이라고 생각됐던 것들이 상황에 따라 하나둘 변화의 대상이 되고 있다. 지금까지 제사를 주재하는 사람은 종손, 장남, 호주 등 모두 촌수와 나이가 가장 높은 남자였지만 이제는 여자도 제사를 주재할 수 있고 그에 따라 제사를 주재하는 사람이 승계하던 금양임야禁養林野[2], 묘토, 제구나 족보의 소유권도 이어받을 수 있게 됐다.

상속을 구성하는 마지막 요소는 재산이다. 일반적으로 상속은 부富의 대물림으로 인식된다. 하지만 물려받는 것에는 재산에 대한 권리뿐만 아니라 의무도 포함된다는 사실을 잊어서는 안 된다. 돈을 갚아야 할 의무, 즉 채무도 상속된다는 뜻이다. 재산이 많은 이들에게 상속은 부의 대물림이 되겠지만 빚이 더 많은 이들에게는 빈곤의 대물림이 될 수 있다. 따라서 부자뿐 아니라 가난한 사람도 상속 문제에서 자유로울 순 없다.

논리적으로는 부모가 축적한 재산을 자녀가 물려받을 수 있다면 부채 역시 물려받는 것이 타당하다. 자녀가 부모로부터 많은 재산을 물려받으면서 부모가 진 빚은 갚지 않는다면 공정하지 않다고 생각할 것이다. 하지만 파산한 부모가 남긴 막대한 빚 때문

2 조상의 분묘가 설치되어 있어 벌목할 수 없는 임야로서 일반적으로 선산이라고도 불린다. 일정한 범위의 금양임야는 제사를 주재하는 사람에게 단독으로 승계되고 상속 재산분할의 대상이나 상속세 부과 대상이 되지 않는다.

에 남은 가족이 빈곤의 나락으로 떨어진다면 당사자에게는 너무 가혹한 일이 될 것이다. 우리 민법이 '상속포기' 또는 상속으로 받는 재산의 범위 내에서 채무를 갚기로 약속하는 '한정승인'을 허용한 것은 죽음이 부채를 청산하는 요소라고 인정하는 동시에, 상속이 과도한 빈곤의 대물림으로 작용해선 안 된다는 사회적 합의가 있었기 때문일 것이다.

이렇듯 상속은 피상속인의 '죽음'을 원인으로 '재산'이 일정한 '사람'에게 승계되는 과정이다. 대부분의 사람은 자신이 피땀 흘려 일군 재산으로 후손들의 삶에 도움을 주고 한편으로는 남은 이들이 자기 뜻을 온전히 이어가길 원할 것이다. 그러나 오늘날 상속의 현실은 그렇지 않다. 오히려 이와 같이 이상적으로 상속이 이루어지는 경우가 더 드물다. 과연 위대한, 아니 위대하게만 보이는 상속의 현실은 어떤 모습일까?

유산 분쟁, 어떤 것들이 있을까?

가정법원에서 상속 사건을 처리하면서 느낀 것 중 하나는 유산 분쟁이 재산을 잃게 할 수 있을 뿐 아니라 가족관계와 인간관계, 더 나아가 관계된 여러 사람의 마음과 영혼까지 파탄에 이르게 할 수 있다는 것이다.

상속과 증여는 단순히 재산의 이전을 위한 것만은 아니다. 공들여 모은 자산이나 가업을 물려주는 일은 남은 이들에게 자신의 가치와 정신을 전하는 일이기도 하다. 그래서 노후를 맞은 이들은 머지않은 미래의 죽음이나 인지능력 상실에 앞서 자기 의사가 갈등 없이 무탈하게 전달되기를 바란다. 승계의 과정에서 가족들이 서로 친밀감을 잃지 않고 한마음으로 화목하게 뜻을 받을 수 있어야 그 가치도 온전히 이어질 수 있기 때문이다. 하지만 당연하게 보이는 이러한 과정이 현실에서는 그리 만만하지 않다.

자녀들은 부모님이 살아계시고 힘이 있을 때는 별다른 문제 없이 뜻에 따르는 듯하다가도 시간이 흘러 부모님이 정신적으로 어려움을 겪거나 돌아가시고 나면 마음속 욕심을 드러내곤 한다. 다툼도 여기서부터 시작된다. 유산의 몫을 두고 자식들이 서로 원수가 되어 아귀다툼할 것을 알았다면 결코 재산을 물려주거나 남기지 않았을 것이다.

이러한 분쟁을 막으려면 어떻게 해야 할까? 생각해 볼 것들이 많겠지만 유산을 둘러싼 분쟁에 어떤 것이 있고, 어떤 쟁점이 있는지 먼저 알아야 한다. 유산을 물려주려는 피상속인이든, 유산을 물려받으려는 상속인이든 상속과 관련된 여러 분쟁의 양상을 미리 알아두고 준비한다면 서로의 마음을 지키면서 동시에 원치 않는 상황을 최소화할 수 있을 것이다.

유산을 둘러싼 분쟁은 재산을 남기고 사망한 사람의 사망 시점을 기준으로 나누어 볼 수 있다. 사망 전의 분쟁에는 성년후견 관련 분쟁, 부양 관련 분쟁 그리고 가업승계, 유언이나 증여 실행 과정에서의 분쟁 등이 있다. 피상속인의 사망 후 분쟁으로는 유언의 효력에 관한 분쟁, 상속재산분할과 유류분遺留分 분쟁, 상속세와 같은 세금 관련 이슈가 있다.

먼저 성년후견과 관련한 분쟁에 대해 알아보자. 탄탄한 중견기업을 일군 창업주가 갑자기 치매로 인지능력을 상실하게 된 사례가 있다. 작은아들은 다른 가족들의 접근을 막은 채 아버지의 뜻임을 내세워 회사 대표를 자신으로 바꾸려 하고, 큰아들과 딸들은 아버지가 치매로 정상적인 의사소통과 판단이 불가능한 정신상태라고 주장한다. 큰아들과 딸들은 아버지가 회사 대표로서의 직무를 수행하지 못할 뿐 아니라 최근 작은아들에게 행한 재산 이전이 모두 무효라고 주장하는 반면, 작은아들은 아버지 기억력이 다소 감퇴했을 뿐 당신이 직접 회사를 돌보고 재산을 처분하거나 후계자를 선택하는 데는 아무런 문제가 없다고 주장한다.

결국 아버지에 대한 성년후견 재판이 열리게 된다. 뒤에서 더 자세히 알아보겠지만 성년후견제도는 장애, 질병, 노령 등으로 인해 정신적 제약을 가진 사람들이 삶을 영위할 수 있도록 후견인을 선임하는 제도이다. 그런데 이 재판에서는 인지능력을 상실해 일상생활조차 어려운 아버지를 누가 어떻게 도울 것인지보다는 회사의 지배권과 재산 처분에만 관심이 집중된다. 대기업 후계 구도에 관한 분쟁에서 종종 나타나는 양상이다. 하지만 재산이 적다고 해서 이런 종류의 다툼이 일어나지 않는 것도 아니고, 그 강도도 결코 약하지 않다.

최근에는 재산을 얻기 위해 정신적 제약 상태에 있는 부모를 학대하거나 재산을 탈취한 후 방치하는 사례도 늘고 있다. 이 같은 상황을 예방하기 위해서는 미리 후견인을 설정해 두는 임의후견 계약을 체결해 두거나, 자기 재산에 대해 대리권 수여 및 신탁 등의 조치를 취해두어야 한다.

앞서 본 성년후견 분쟁의 예화처럼 자신이 피땀 흘려 일으킨 기업, 즉 가업을 후계자에게 물려주는 '가업승계'와 관련해서도 분쟁이 많다. 미리 가업승계 계획을 구체적으로 수립하고 그에 맞추어 차근차근 실행해서 문제를 깔끔하게 정리해 두지 않으면, 경영권 확보에 필요한 주식 이전이 이루어지지 않아 염두에 두었던 후계자가 회사를 승계받지 못할 수 있다. 그뿐만 아니라 후계자 교육이 미흡해 후계자와 기존 임직원 사이에 심각한 갈등이 생길 수도 있고, 가업승계에 부과되는 막대한 세금 때문에 회사의 주요 재산을 헐값에 내놓거나 승계 자체를 포기해야 하는 일이 생길 수도 있다.

부양과 관련한 분쟁도 흔히 볼 수 있다. 최근에는 부모를 충실히 부양할 것을 조건으로 한 증여, 즉 법률에서 부담부증여라고 하는 이른바 '효도 계약'이 이슈가 되기도 한다. 부모가 자식들에게 재산을 물려주는데 조건이나 각서가 무슨 말이냐고 생각할 수 있겠지만, 명확한 조건을 문서로 작성해 두지 않으면 자녀의 배은 망덕한 행위에 아무런 조치를 취할 수 없게 된다. 가족 간 소송의 끝판왕이라고 불리는 부양료 분쟁도 있다. 자녀들에게 모든 것을 증여해 준 부모가 오히려 '상속 빈곤층'이 되어 자녀에게 부양료를 청구하는 사건, 부모를 부양하는 비용의 불공평한 부담을 바로잡자고 하는 자녀들 사이의 분쟁 등이 이에 해당한다.

피상속인이 사망한 후에는 상속인들의 분쟁이 본격화된다. 유효한 유언을 남겼다면 원칙적으로 그에 따라 유산이 분배되겠지만 그렇지 못한 경우가 문제이다. 유언은 법률상 엄격한 형식을 갖추어야 하고 유언자에게 유언능력이 있었음이 확인되어야 효력이 발생한다. 그런데 유언 당시 유언자가 치매 상태에 있었거나 임종을 앞두고 있어 정상적인 인지능력이 없었을 수 있다. 이 점을 악용해 누군가 본인의 의도를 벗어난 유언장을 작성했다면 그 효력이 문제가 될 수 있는 것이다. 유언의 효력은 유언자가 사망한 이후에 발생하기 때문에 그 진위를 확인하는 것 자체가 쉽지 않다.

사망 후 분쟁의 대표적인 형태는 상속재산분할 소송이다. 유언이 없거나 유언에 포함되지 않은 피상속인의 상속재산을 상속인들이 나누는 일로 문제가 발생하는 것이다. 물론 상속인들 사이에 원만하게 협의가 이루어지면 그에 따라 상속재산을 나누면 된다. 하지만 협의가 이루어지지 않는다면 각자의 몫을 가정법원에서 정하게 된다. 이때 분할 대상은 사망한 시점에 피상속인의 이름으로 된 재산이며, 기준이 되는 분할 비율은 법에 정해져 있는데 원칙적으로 공동상속인들 사이에 균등하다. 그런데 법정상속분만을 기준으로 삼으면 불공평한 결과가 생길 수 있다. 어떤 상속인은 피상속인 생전에 상당한 재산을 증여받았을 수 있다. 반대로 피상속인을 특별히 부양하거나 피상속인의 재산을 늘리는 데 공이 큰 상속인도 있을 수 있다. 소송이 발생할 경우 법원은 이러한 구체적 사실들을 상세히 따져 법정상속분을 조정한다. 상속인들은 저마다 '공평'을 외친다. 하지만 상속인들이 각각 얻은 이익과 피상속인에 대한 기여는 각자의 기억과 주관에 따라 차이가 있고, 모든 사실을 명확히 증명해 낼 수 없기 때문에 소송 과정에서 지난한 감정적 다툼이 벌어지는 경우가 많다. 상속재산분할 소송이 장기간 지속되는 경향이 있는 것은 이 때문이다.

마지막으로 유류분이 있다. 유류분은 법에 따라 상속인에게 보장되는 최소한의 상속분을 뜻한다. 피상속인이 특정 상속인에게 많은 재산을 생전 증여하거나 유언을 통해 물려줌으로써 나머지 상속인에게 배분되는 몫이 적어지게 되었을 경우 인정되는 권리이다. 다시 말해 다른 상속인에 비해 현격히 적은 재산을 물려받게 되는 경우 법에서 정한 최소한의 몫을 요구할 수 있도록 한 것이다. 천천히 확인해 보겠지만 유류분 제도는 상속에 있어 남녀 차별과 상속인 사이의 불균형 해소에는 어느 정도 기여했지만, 개인의 유산 처분의 자유를 지나치게 제약한다거나 사회적 변화에 따라가지 못한다는 비판도 받고 있다.

유산 분쟁은 이해관계가 첨예하고 감정적 갈등의 여지가 많다. 법적 다툼이 지속되면 혈연의 해체에 이르기까지 한다. 애초에 분쟁의 여지를 최소화할 수 있는 방법은 없을까? 가장 좋은 방법은 미리 준비하는 것이다. 유산과 상속에 관한 법적 지식을 이해하고 그 과정을 잘 준비한다면 나의 가정은 물론 나의 존엄과 의지도 온전히 지켜낼 수 있을 것이다. 또한 자녀들은 부모의 의사를 최대한 존중하며 그 뜻을 이어나갈 수 있도록 도움으로써 서로의 관계를 돈독히 하고 예상치 못했던 어려운 일에도 수월하게 대처할 수 있을 것이다. 이제 우리 주변에서 일어나고 있는 다양한 사례를 통해 상속 과정과 분쟁, 그리고 꼭 알아두어야 할 유용한 법률 지식을 확인해 보자.

아픈 아버지를 찾지 않은 자녀들
vs 신장까지 떼어준 재혼녀

A 씨(1945년생, 남자)는 1970년 결혼해 슬하에 1남 2녀를 두었는데, 2001년경 성격 차이 등을 이유로 부인과 이혼했다. 이혼 후 A 씨는 홀로 지내다가 2003년경 12세 연하의 B 씨(1957년생, 여자)와 재혼했다. 이비인후과 개업의로 활동하던 A 씨는 B 씨와의 사이에 자녀가 없었고 B 씨와 함께 생활하다가 2018년 지병으로 사망했다.

A 씨는 젊을 때부터 신장 기능이 좋지 않았는데, 이혼할 무렵인 2002년부터는 신장이 거의 망가져서 투석을 하게 되었고, 2008년에는 B 씨로부터 한쪽 신장을 기증받는 이식 수술까지 받았다. 한편 A 씨의 전前 부인과 자녀들은 이혼 직후 뉴질랜드로 가서 한국에 거의 입국하지 않았고, A 씨로부터 자녀들의 신장 기증 의사를 물어보는 전화를 받은 것 외에는 서로 연락도 하지 않았다.

사망 당시 A 씨의 상속인으로는 전혼前婚 자녀 3명과 재혼 배우자 B 씨가 있었다. 상속재산으로는 서울 서초구 소재 아파트의 공유 지분 2분의 1과 서울시 용산구 소재 토지와 건물 각각의 공유 지분 2분의 1, 부산 해운대구 소재 토지 등 시가 합계 70억 원의 부동산과 20억 원의 은행 예금, 보험, 주식 등이 있었고 임대차보증금반환채무 9억 원이 있었다.

상속재산을 둘러싸고 A 씨의 자녀들과 B 씨 사이에 의견이 달라 결국 가정법원에서 재판을 받게 되었다. A 씨의 자녀들은 B 씨가 서초구 소재 아파트와 용산구 소재 토지 건물 각각 2분의 1을 증여받은 것을 비롯해 A 씨 생전에 A 씨로부터 받은 것이 많지만, 자신들은 어머니와의 이혼 당시에 정한 양육비 외에 아버지인 A 씨로부터 특별히 받은 것이 없고, 대학을 다닐 때는 물론 결혼할 때도 도움을 전혀 받지 않았기 때문에 원래 자신들이 받아야 할 상속분보다 더 많이 받아야 한다고 주장했다. 이에 대해 B 씨는 A 씨가 아프거나 나이가 들었을 때 A 씨의 자녀들은 남의 일처럼 여기고 아픈 아버지를 모시지 않았지만, 자신은 A 씨와 15년간 함께 살면서 간병을 했고, 심지어 신장까지 아낌없이 이식해 주었으므로 그에 상응하는 만큼 더 받아야 한다고 주장했다. 이런 경우 상속재산은 어떻게 분배되어야 할까?

상속이 진행되면 피상속인의 총체적인 재산이 승계된다. 부동산이나 예금과 같은 '적극재산'은 물론이고 은행 채무나 임대차보증금반환 채무와 같은 '소극재산'도 마찬가지이다. 그래서 피상속인이 적극재산은 거의 없이 부채만 남기고 죽으면, 상속인들은 자신의 의지나 잘못과 상관없이 빚만 떠안을 수도 있다. 이런 경우 상속인은 '상속포기'나 '한정승인'이라는 제도를 통해 보호받을 수 있다. 상속포기는 사망자의 재산을 일절 상속받지 않음으로써 상속인으로서의 지위를 포기하는 것이고, 한정승인은 상속은 받되 사망자가 남겨준 적극재산의 한도 내에서만 그 빚을 책임지는 것이다.

　가족이 빚만 잔뜩 남기고 떠났다면 슬픈 일이겠지만 재산을 많이 남겼다고 해서 반드시 기뻐할 일만은 아니다. 상속재산에 대한 재판을 하면서 느낀 것은 나누어 가질 유산이 많을수록 더 기뻐하고 감사하는 것이 아니라 오히려 근심과 미움이 커지는 경우가 많다는 사실이다. A 씨의 자녀들과 B 씨처럼 직접적인 혈연관계가 없는 경우도 있지만 대부분은 혈연관계에 있는 가족이나 친척 사이인데, 갈등 양상만 보면 그들이 과연 피를 나눈 사람들이 맞나 의심될 정도다. 받는 사람의 입장에서 보면 상속재산은 불로소득에 가깝다. 그럼에도 불구하고 상속 사건에서 보이는 서로에 대한 적개심과 분노는 마치 자신이 오랫동안 피땀 흘려 일군 재산을 전혀 모르는 강도에게 빼앗긴 사람의 그것처럼 보일 때가 많다. 과거에는 장자 상속이나 제사 주재 문제, 부모의 편애 등이 원인이 되어 딸들이 아들들, 특히 장남 또는 장남과 의견을 같이하는 어머니와 갈등하는 경우가 많았다. 하지만 요즘에는 양상이 더 복잡하다. 심지어 부모와 자식들을 포함한 상속인들이 세 패, 네 패로 나뉘어 끝이 보이지 않는 진흙탕 싸움을 벌이기도 한다.

상속인의 순서와 상속분은 어떻게 정해지길래 이렇게 싸우는 것일까?

　상속인의 순서는 법률에서 정하고 있다. 자기보다 앞선 순위의 상속인이 있으면 후순위의 상속인은 상속을 받지 못하는 것이 원칙이고, 같은 순위에 있는 상속인이 여러 명이면 '공동상속인'이 되어 함께 상속을 받게 된다. 상속인 1순위는 피상속인의 자식 또는 손자·손녀와 같은 '직계비속'[3]이며, 그러한 사람이 없을 때는 피상속인의 부모 또는 조부모, 외조부모 등 '직계존속'이 2순위의 상속인이 된다. 자식이나 부모 등이 없을 때는 피상속인의 형제자매가 3순위 상속인이 되고, 그마저도 없으면 삼촌, 고모, 이모, 외삼촌, 4촌 형제 등이 4순위로 상속인이 된다. 피상속인의 배우자는 피상속인에게 자식이나 손자녀 등 1순위 상속인이 있는 경우는 그들과 함께, 피상속인에게 자식이나 손자녀는 없고 부모 또는 조부모 등 2순위 상속인이 있는 경우에는 역시 그들과 동同 순위로 상속인이 된다. 이마저도 없으면 배우자 혼자 상속인이 된다. 형제자매나 3촌, 4촌 등 3, 4순위 상속인은 배우자보다 무조건 후순위 상속인이 된다. 예를 들어 피상속인에게 딸과 아내, 부모가 있으면 2순위인 부모를 제외하고 1순위인 딸과 아내가 함께 상속인이 되고, 피상속인이 미혼으로 부모만 있는 경우에는 1순위 상

---

3 한 사람을 중심으로 혈연血緣이 직접적으로 이어져 있는 친족을 직계혈족直系血族이라고 하는데, 그중에서도 부모나 조부모와 같이 자신보다 항렬行列이 높은 사람을 직계존속이라고 하고 자녀나 손자녀와 같이 항렬이 낮은 사람을 직계비속이라고 한다.

속인이 없으므로 2순위인 부모가 함께 상속인이 되며, 피상속인에게 남편과 남동생이 있는 경우에는 배우자인 남편이 혼자 상속하게 된다.

상속인이 여러 명일 때 피상속인이 유언으로 공동상속인들 사이에 유산을 어떻게 나누어 가질지 정해주지 않고 사망했다면 상속인들은 서로 협의해서 상속재산을 나누어 가질 수 있다. 그런데 협의가 이루어지지 않으면 가정법원에 상속재산을 분할해 달라고 청구할 수밖에 없다.

이때 기준이 되는 원칙적인 분할 비율, 즉 법정상속분은 공동상속인들 사이에 균등하지만 한 가지 예외가 있다. 피상속인의 배우자 법정상속분은 피상속인의 자식이나 부모의 상속분에 50퍼센트를 가산한 만큼이 된다. 예를 들어 피상속인에게 딸, 아들 각각 1명씩과 아내, 부모가 있으면 딸, 아들과 아내가 상속인이 되고 그 비율은 1:1:1.5가 되기 때문에 딸과 아들은 각각 상속재산의 7분의 2씩을, 아내는 7분의 3을 상속받게 되며, 피상속인이 미혼으로 부모만 있는 경우에는 부모가 각각 상속재산의 2분의 1씩 상속받게 된다.

그런데 상속인 중에는 다른 상속인과 달리 피상속인의 생전에 피상속인으로부터 받은 것이 많은 사람도 있고, 어떤 상속인은 다른 상속인과 달리 피상속인을 특별히 부양하거나 상속재산의 증가나 유지에 큰 기여를 한 사람도 있을 것이다. 법률은 이러한 사정을 각각 '특별수익'과 '기여분'이라고 하여 법정상속분을 조정하는 도구로 삼고 있다. 실제 재판에서도 다른 상속인들보다 생전 증여를 많이 받아 특별수익을 한 상속인의 상속분은 다른 상속인의 상속분보다 줄어들게 하고, 다른 상속인보다 피상속인을 위해 더 헌신하여 기여분이 인정된 상속인의 상속분은 다른 상속인들의 상속분보다 늘어나게 한다.

　A 씨의 자녀들과 B 씨의 다툼도 바로 이러한 특별수익과 기여분에 관한 것이다. B 씨가 A 씨 생전에 받은 부동산은 자신의 상속분을 미리 받은 것 즉 특별수익으로 평가받을 가능성이 크다. 기여분은 재판 실무에서 인정되는 경우가 드물지만, B 씨의 신장 제공과 같은 기여는 특별한 기여로 보기에 충분하다. 이 사건은 결국 조정⁴으로 끝이 났다. B 씨가 특별히 수익한 부분과 기여한 부분을 동등하게 보기로 하여 상속재산을 법정상속분대로 나누기로 합의한 것이다. 즉 A 씨의 자녀들은 각각 9분의 2씩, B 씨는 9분의 3을 상속받게 되었다.

4　재판과정에서 서로 조금씩 양보하여 합의하는 것으로, 확정판결과 같은 효력이 있다.

오빠 도시락의 계란 프라이
─특별수익과 기여분

상속재산과 관련된 재판을 할 때 대부분의 상속인들이 주장하는 것은 법에서 정해진 상속 비율대로 분할해서는 안 된다는 것이다. 즉 모두가 나는 더 받고 너는 덜 받아야 한다고 말한다. 그 주장을 뜯어 보면 결국 특별수익이 있는 너는 덜 받아야 하고, 기여분이 있는 나는 더 받아야 한다는 것이다. 상속재산을 앞에 두고 거의 모든 상속인이 마음속 깊이 품고 있는 생각일 수 있다. 실제로 이 두 주장은 소송 과정과 판결에서도 중요한 쟁점이 된다.

예를 들어 "너는 젊을 때 사업자금 지원받은 것이 있지 않느냐", "나는 결혼할 때 받은 것이 없는데 너는 부모님이 아파트를 마련해 주지 않았느냐", "나는 고등학교만 졸업하고 가족을 위해 열심히 돈을 벌었는데 너는 대학 등록금은 물론 유학 자금까지 지원받지 않았느냐" 등이 특별수익에 대한 주장이라면, "내가 아버지 곁에서 매일 밥과 반찬을 해서 나르고 용돈을 드릴 때, 너는 미국에 가서 살면서 20년 동안 아버지를 몇 번이나 찾아왔느냐", "어머니가 암 수술을 받고 입원했을 때 지극정성으로 간호하고 치료비를 부담한 사람이 나 외에 누가 있느냐", "아버지 사업이 어려워져서 아버지 집이 넘어갈 뻔했을 때 내가 그 빚을 갚아드리지 않았으면 지금 저 상속재산이 남아 있겠느냐" 하는 것들이 기여분에 대한 주장이다. 과거 일에 대한 서로 간의 인식 차이가 가족들 사이에 유산 분쟁을 일으키는 가장 중요한 원인이 되는 것이다.

피상속인으로부터 차별 대우를 받은 일로 오랜 기간에 걸쳐 감정의 골이 깊어져 상속 분쟁이 일어나는 경우도 많다. "어쩌다가 학교에 오빠 도시락을 잘못 가져갔는데, 내 도시락에서는 한 번도 본 적이 없는 계란 프라이가 얹혀 있었어요. 그때의 먹먹한 마음을 아직도 잊지 못해요. 그런데 지나고 보니 그건 시작일 뿐이었어요." 상속재산 소송을 담당하는 재판장 시절 오빠와 남동생을 상대로 상속재산분할 소송을 제기한 중년 여성에게서 들은 이야기이다. 계란 반찬이 귀했던 그 시절에는 그 반찬 하나가 누군가에게는 남아선호, 빈부격차를 느끼게 하는 것이었을 수 있고 또 누군가에게는 평생 부모님으로부터 받은 차별 대우의 시작으로 남았을 수 있는 것이다. 오랜 세월 동안 삶의 여러 영역에서 쌓이고 맺힌 응어리는 보통 아버지, 어머니가 살아 있을 때는 겉으로 잘 표출되지 않는다. 하지만 부모가 사망하고 나면 남겨진 재산의 분배를 두고 서서히 수면 위로 모습을 드러내다가 마침내 폭발하곤 한다.

특별수익에 대해 흔히 오해하는 것들이 있다. 그중 하나는 특별수익에 계산되는 생전 증여가 피상속인 사망 전 10년 이내의 것으로 제한된다고 생각하는 것이다. 상속세와 같은 세금을 계산할 때 고려되는 생전 증여의 범위는 피상속인의 사망 전 10년 이내의 것으로 한정되기도 하지만, 특별수익으로 계산되는 증여는 그 시기의 제한 없이, 즉 10년보다 훨씬 전의 것도 포함된다. 어릴 적 '오빠 도시락에만 싸준 계란 프라이'도 10년이 지났다는 이유만으로는 특별수익에서 제외되지 않는다.

그러나 피상속인이 생전에 특정 상속인에게 무언가를 주었다고 해서 그 모두가 특별수익이 되는 것은 아니다. 피상속인의 생전 재산과 수입 규모, 생활 수준, 가정 상황 그리고 공동상속인 사이의 공평과 같은 사정을 종합적으로 보았을 때 그 생전 증여가 장차 그 상속인에게 돌아갈 상속재산의 몫을 미리 준 것으로 평가될 정도가 되어야 한다. 그래서 용돈, 생활비와 같이 자녀들에게 반복적, 규칙적으로 주는 것이나 부양이나 양육, 치료를 위해 주는 돈은 상속재산을 미리 주는 것이 아니어서 특별수익으로 보지 않는 것이 일반적이다. 반면 결혼을 위한 혼수, 예물, 주거용 부동산, 사업자금을 주는 것은 특별수익에 해당할 가능성이 크다. 보통의 교육비를 주는 것은 특별수익에 해당하지 않지만, 그 범위를 뛰어넘는 유학 비용은 경우에 따라 특별수익으로 평가될 수 있다. 그러한 관점에서 보면 '오빠 도시락에만 있는 계란 프라이'는 특별수익으로 보기에는 다소 무리가 있어 보인다.

계란 프라이가 상속재산 분쟁에서 특별수익으로 평가될 수는 없다 하더라도 누군가에게 평생에 걸쳐 차곡차곡 쌓여왔을 차별에 대한 응어리의 시발점이 될 수 있다는 점은 분명하다. 형제자매들 사이에 서로 마음을 열고 이해하려고 노력하지 않으면, 특히 많이 받은 쪽에서 더 적극적으로 양보하고 다가가지 않으면 그때의 반찬 하나가 먼 훗날 온 가족을 파괴하고 진흙탕으로 빠지게 하는 뇌관이 될 수 있는 것이다.

그렇다면 기여분은 어떨까? 일반적으로 기여분을 인정받는 일은 쉽지 않다. 기여의 '특별성'이 필요하기 때문이다. 특히 자녀들의 기여분은 인정되는 경우가 적고, 인정되더라도 그 비율이 낮은 편이다. 가족들, 그중에서도 부모와 자녀가 서로를 돌보는 것은 어찌 보면 당연한 일이어서 특별한 것일 수 없다는 생각이 깔려있기 때문일 것이다. 또한 자녀는 부모를 모시는 일을 큰 희생으로 여기지만 막상 부모로부터 받는 것도 많아 이를 특별한 기여로 평가받기 어려운 탓이기도 하다. 하지만 다 같은 자녀들이라고 해도 다른 상속인들과 달리 피상속인을 '특별히' 잘 모시거나 상속재산의 유지나 증가에 '특별히' 공이 있는 상속인은 분명 있다. 공동상속인들 사이의 형평을 고려하면 기여에 대한 적절한 보상은 필요해 보인다. 그리고 그러한 보상이 가족 부양책임의 강화와 상속 갈등 완화의 유인으로 작용할 수도 있을 것이다.

배우자의 상속분, 이대로 괜찮을까?

지금까지 상속재산이 누구에게 어떤 기준으로 분할되는지에 대해 알아보았다. 그런데 상속인 중 배우자의 경우는 조금 더 생각해 볼 부분이 있다. 앞서 살펴본 것처럼 배우자의 법정상속분은 공동상속인의 상속분에 50퍼센트를 가산한 만큼이다. 이 같은 분할 비율이 처음부터 보장됐던 것은 아니다. 상속인이 남편이건 아내이건, 공동상속인이 피상속인의 자녀이건 부모이건 그와 무관하게 지금과 같은 법정상속분이 정해진 것은 1991년부터이다.

당시에는 사회적 차별을 극복하는 혁신적인 개정이었지만 그로부터 30여 년이 더 지난 지금에도 현행 배우자 상속분이 적정한지에 대해서는 이견이 있다. 사회 현실과 가치관은 과거보다 더 빠르게 변화하고 있어서 상속제도도 이에 맞게 바뀌어야 한다는 것이다. 최근에는 핵가족화가 심화하여 가족의 형태가 재구성되고 가족에 대한 가치관과 유대관계도 변하고 있다. 급격히 진행되는 고령화로 인해, 이미 경제적으로 독립한 자녀에 대한 보호보다 사회생활을 할 수 없는 노령의 생존 배우자에 대한 보호와 배려의 필요성이 증가했다. 그렇다면 구체적으로 현행 배우자 상속분은 어떤 부분에서 문제가 되는 걸까?

앞서 본 신장 기증 사례에서 B 씨는 피상속인으로부터 생전 증여를 많이 받았음에도 불구하고 그 특별수익만큼 감해지지 않고 배우자 법정상속분만큼 상속받을 수 있었다. 상속재산을 나눈 몫에 대한 만족은 개인에 따라 다르겠지만 이 사례는 어느 정도 합리적으로 보인다. 하지만 조금 더 생각해 보면 불합리한 상황을 쉽게 떠올릴 수 있다. 공동상속인의 수가 많다면 어떨까? 5명의 자녀가 있는 경우 배우자 상속분은 13분의 3으로 크게 줄어든다. 또한 다섯 자녀가 독립한 후에 피상속인이 중병을 앓아 배우자 홀로 오랜 기간 간호하고 돌봐주었다면 배우자 입장에서는 상속분이 적절하지 않다고 생각할 가능성이 크다. 배우자 자신도 나이가 들어 몸이 성하지 않은 상황에서 온 정성을 다해 피상속인을 간호했지만 법정상속분은 같기 때문이다.

만약 배우자가 병든 피상속인을 뒤로하고 매정하게 이혼을 해 버렸다면 어땠을까? 이혼 시 부부 사이의 재산분할은 여러 사정을 고려하기 때문에 일률적으로 말하기는 어렵다. 다만 혼인 기간이 길면 길수록, 분할할 재산이 적으면 적을수록 분할 비율은 점점 높아져 50:50으로 수렴되는 경향이 있다. 결국 피상속인이 임종할 때까지 애쓴 배우자는 매정하게 이혼했을 때와 비교해 절반도 되지 않는 재산을 받게 된다. 자녀들이 많을수록, 그리고 자녀들이 피상속인을 부양하지 않고 패륜적인 행동을 할수록 배우자와 자녀들의 상속재산 배분에 실질적인 불공평이 생길 가능성은 커진다. 이처럼 현행 법정상속분에 따르면 피상속인 상속재산에 녹아 있는 배우자의 기여에 대한 정당한 청산이 이루어지지 않을 가능성이 크다고 할 수 있다.

이러한 불합리를 해결할 방법은 전혀 없는 걸까? 물론 법정상속분을 조정하는 특별수익과 기여분이 어느 정도 도움을 줄 수 있다.

배우자의 특별수익에 대해 법원이 의미 있는 판결을 한 적이 있다. 남편과의 사이에 딸과 아들을 두고 43년 넘게 살아온 부인이 남편 사망 7년 전에 함께 살던 주택과 토지를 남편으로부터 증여받았다. 남편 사망 후 자녀들은 그 주택과 토지가 특별수익에 해당하고 그 때문에 자신들이 상속할 것이 없게 되었으니 어머니인 부인이 자신들의 몫을 내놓아야 한다고 주장했다. 앞서 설명한 것처럼 모든 생전 증여가 특별수익이 되는 것은 아니기 때문에 해당 생전 증여가 상속인이 될 사람에게 돌아갈 상속재산 중 그의 몫을 미리 준 것이라고 볼 수 있는지가 중요한 판단 기준이 된다.

대법원은 생전 증여를 받은 상속인이 배우자로서 평생 피상속인의 반려가 되어 그와 함께 가정공동체를 형성하고, 이를 토대로 서로 헌신하며 가족의 경제적 기반인 재산을 획득·유지하고, 자녀들에게 양육과 지원을 계속해 왔다면, 이러한 생전 증여에는 배우자의 기여나 노력에 대한 보상 또는 평가, 실질적 공동재산의 청산, 배우자 여생에 대한 부양의무 이행의 의미도 함께 담겨 있기 때문에 특별수익에 해당하지 않는다고 했다. 이처럼 지금의 법원은 구체적인 경우에 있어서 배우자의 상속권을 강화하고 보완하는 판결을 하고 있다.

반면 기여분 인정에 대해서는 다소 인색하다. 일반적인 경향이 배우자의 경우에도 그대로 적용된 결과이다. 재혼한 남편과 20년 넘게 함께 살아온 배우자에 대해 남편의 전혼 자녀들이 상속재산 분할 소송을 제기한 사례가 있다. 부인은 오랜 기간 투병 생활을 해온 80대 남편을 5년 넘게 성심껏 간호했으니 기여분 30퍼센트를 인정해 달라고 주장했다. 그런데 대법원은 배우자가 같이 살면서 간호한 것만으로는 기여분을 인정하기에 부족하고 보통의 부양 정도를 넘는 특별한 부양을 해야 하는데, 이 사안에서는 부인이 남편을 부양할 만큼 건강하지 않았고, 부양 비용을 남편의 수입으로 충당했으며, 부인이 남편 생전에 증여받은 것이 많다는 이유로 기여분 청구를 받아들이지 않았다.

더 큰 문제는 어떤 생전 증여가 특별수익에 해당하는지, 어떤 경우에 기여분이 인정되는지에 대한 구체적이고 명확한 기준이 없다는 것이다. 특별수익이나 기여분의 인정 여부와 범위는 상당 부분 법관의 재량에 맡겨져 있다. 생전 증여가 오래전에 이루어진 경우 심증은 있을지언정 물증이 부족하기 쉽고, 가족 사이의 부양이나 재산적 기여를 인정할 만한 객관적인 자료가 남아 있는 경우는 거의 없다. 이처럼 지금의 상속제도 아래에서 재판 실무만으로 상속인들 사이의 실질적인 공평, 나아가 배우자에 대한 배려를 충분히 기대하기는 어려운 형편이다.

그래서 한편으로는 입법을 통해 배우자의 상속분을 강화하자는 의견도 있다. 실제로 2014년에는 상속재산의 2분의 1을 우선 배우자 몫으로 떼어두고, 나머지를 상속인들 사이에 분할하도록 민법 개정을 추진하기도 했다. 일본에서는 2018년에 상속법을 개정해 혼인 기간이 20년 이상 된 부부의 한쪽이 사망한 경우, 사망한 배우자가 생존 배우자에게 살고 있던 부동산을 증여했다면 그 부동산은 생존 배우자의 특별수익 계산에서 제외하기로 했다. 독일에서도 생존 배우자가 상속재산의 최소 2분의 1 이상을 상속하도록 법률로 정하고 있으며, 미국 등 여러 국가에서도 상속에서 배우자가 자녀들보다 유리한 위치에 설 수 있게 하는 제도들을 마련하고 있다.

반대 의견도 있다. 배우자의 선취분先取分과 같은 제도를 과도하게 법으로 강제하게 되면 자녀에게 가업을 물려주고 싶어도 다른 상속인의 협조가 없으면 경영권 승계 자체가 불가능하다는 것이다. 또한 피상속인의 유지遺志나 재산처분권을 지나치게 제한할 수 있고, 오히려 이중적인 조세부담이나 가족 사이에 쓸데없는 분란을 일으킬 가능성도 있다는 것이다.

따라서 앞으로의 상속제도는 피상속인의 뜻을 충분히 존중하면서도 보다 긴밀해진 부부관계를 고려하여 생존 배우자를 보다 두텁게 보호할 수 있는 방향이어야 할 것이다. 급변하는 사회의 여러 가치를 조화롭게 충족하는 상속제도를 마련하는 데 함께 머리를 모아야 할 때이다.

몰래 찾아간 의식 불명의 아버지 예금,
되찾을 수 있을까?

A 씨(1936년생, 남자)는 2008년 사망했고, 상속인으로는 나이 순서대로 장녀, 장남, 차남, 차녀 4명의 자녀가 있었다. A 씨는 사망하기 직전 의식 불명 상태에 있었는데, 장남은 소지하고 있던 A 씨의 은행 예금통장과 도장을 사용해 예금 2억 1,000만 원을 자기 마음대로 인출했다. 장남은 찾은 돈 중 1억 원은 남동생인 차남에게 주었고, 2,000만 원은 A 씨의 간병비로 지출했으며 나머지 9,000만 원은 자신이 가졌다.

결국 A 씨가 사망한 시점에 실물로 남아 있는 상속재산은 다른 은행에 예치해 둔 예금채권 4억 원이 전부였다. 사실 장남과 차남은 A 씨 생전에 A 씨로부터 수십억 원 상당의 부동산과 현금을 증여받았으며 장녀와 차녀는 받은 것이 거의 없었다. 그런데도 장남과 차남은 4억 원의 예금채권을 균등하게 4분의 1씩 나누어 가지자고 했다. 이에 장녀는 서울가정법원에 상속재산분할 재판을 신청하면서, 만일 자신과 여동생이 남아 있는 예금의 4분의 1씩만 상속받게 되면 너무 불공평한 결과가 되기 때문에 그 예금 외에 장남이 아버지 생전에 임의로 인출한 예금채권도 나누어야 하고, 예금을 포함해 상속재산 전부를 자신과 여동생 둘이 가져야 한다고 주장했다. 장녀의 주장은 받아들여졌을까?

장남이 임의로 인출해서 차남과 나누어 가진 예금은 분할 대상인 상속재산이 될까? 물론 상속이 개시되는 시점인 A 씨의 사망 당시에 그 예금은 실제로 존재하지 않았다. 만약 이러한 재산을 분할할 상속재산에서 제외한다면, 임종을 앞두거나 임종을 앞두지 않더라도 치매나 뇌병변 등으로 인지능력이 떨어져 혼자서 사무를 처리할 능력이 없는 사람의 재산에 대해 상속인이 될 사람의 무분별한 예금 인출 또는 처분행위가 늘어날 가능성이 크다. 실제로 빈번하게 발생하는 일이기도 하다. 성년후견제도가 도입되기 전에는 예금주가 의식불명인 상태여도 배우자나 가족이 비교적 쉽게 예금을 출금할 수 있었다. 그러나 2013년 6월에 도입된 성년후견제도가 자리를 잡아가고 금융기관, 등기소는 물론 일반 국민에게까지 널리 홍보되면서 은행의 VIP 고객이라도 정상적인 정신건강 상태가 확인되는 예금주 본인이 출석하거나 권한 있는 대리인 또는 후견인의 청구가 없는 한 예금 인출이 어렵게 됐다. 이 사례는 2008년에 일어난 일이기 때문에 A 씨의 예금통장과 도장을 지참한 장남이 비교적 쉽게 아버지의 예금을 무단으로 인출할 수 있었을 것이다.

아들들이 무단으로 인출한 예금은 원래 상속재산이 될 것이었기 때문에 법적으로 분할이 되어야 한다. 이때 분할 대상은 사망하기 전에 A 씨가 장남에게 가지고 있는 예금액 상당의 부당이득반환청구권 또는 불법행위로 인한 손해배상청구권이 된다. 부당이득반환청구권이란 법률상 정당한 원인 없이 이득을 얻은 사람에 대해 손해를 입은 사람이 돌려달라고 할 수 있는 권리이고, 불법행위로 인한 손해배상청구권은 횡령이나 배임, 사기 등 불법행위로 인해 손해를 입힌 사람에게 배상을 청구할 수 있는 권리이다.

다음으로 문제가 되는 것은 예금채권과 같이 쉽게 나누어질 수 있는 권리, 즉 '가분채권可分債權'도 상속재산분할이 되는지 여부이다. 말하자면 부동산에 대한 권리와 같이 손쉽게 나눌 수 없는 권리에 대해서는 분할이 의미가 있지만 쉽게 나누어질 수 있는 예금채권 같은 권리는 피상속인이 사망함과 동시에 상속인들에게 법정상속분에 따라 분할되어 귀속되기 때문에 분할의 문제는 애초부터 생기지 않는 것이 아닌가에 대한 문제이다.

법률적으로 다소 복잡한 문제이기는 하지만 대법원이 내린 결론만 확인하면, 원칙적으로 예금채권과 같은 가분채권은 상속이 개시됨과 동시에 상속인들 사이에 법정상속분대로 속하게 되므로 상속재산분할의 대상이 되지 않는다. 하지만 공동상속인 중 피상속인에게 생전에 증여를 많이 받은 사람이 있어서 예금채권을 법정상속분대로 나누게 되면 불공평한 결과가 생기는 등의 경우에는 특별수익이나 기여분 등을 감안해서 공평하게 나눌 수 있다고 판단했다.

마지막으로 상속 개시 당시인 피상속인의 사망 시점에는 상속재산이 존재했지만, 이후에 일부 상속인이 마음대로 처분하거나 어떤 사유로 없어진 경우에 대해 알아보자.

이에 대해 우리 법원은 상속 개시 당시의 상속재산이 처분, 멸실, 훼손 등의 이유로 실제 분할할 때 존재하지 않게 되었다면 원칙적으로 그 상속재산은 분할 대상으로 삼을 수 없지만, 그 상속재산을 처분한 대금이 있거나 보험금, 보상금 등 대가로 취득한 재산이나 변형물이 있으면 분할의 대상이 될 수 있다고 했다. 즉 이 사례의 경우에도 상속 개시 당시 존재했던 4억 원의 예금은 이후 은행의 공탁 등으로 소멸하고 없어졌지만, 다른 형태의 권리로 변형되어 존재하기 때문에 예금채권은 여전히 상속재산분할 대상이 된다고 보았다.

결국 A 씨 생전에 많은 부동산과 현금을 증여받은 아들들은 상속재산분할 과정에서 제외되고 장녀와 차녀가 장남에 대한 부당이득반환청구권 9,000만 원, 차남에 대한 부당이득반환청구권 1억 원, 그리고 남아 있던 예금채권에 해당하는 4억 원을 나누어 가지게 되었다.

아버지 상속재산 독차지한 외아들,
어머니 재산도 달래요

상속재산에 대해 유언이 없고 상속인이 여러 명일 경우 보통은 상속인들 사이에서 협의를 통해 상속재산을 나눈다. 상속재산분할 협의는 상속인들 사이의 계약과 비슷하기 때문에 공동상속인 전원이 참여하고 합의 내용에 전원이 동의하면 대체로 별문제가 생기지 않는다. 공동상속인 중 일부가 상속을 포기하더라도 자신이 포기한 상속재산을 다른 사람에게 귀속하도록 하는 내용의 분할 협의도 유효하다. 분할 협의 과정에서 착오나 기망이 없어야 함은 물론이다. 그런데 분할 협의의 범위와 방법, 법적 효력에 관한 상식이 없는 상태에서 섣불리 그 내용에 동의했다면 문제가 될 수 있다. 구체적인 사례를 통해 살펴보자.

A 씨(1933년생, 남자)와 B 씨(1935년생, 여자)는 1958년 혼인하여 슬하에 1남 3녀를 두었다. A 씨는 배움이 짧았지만 근면함과 성실함이 몸에 배어 있어서 식당부터 부동산업까지 하는 일마다

성공해 큰 재산을 모았다. A 씨는 2010년에 사망했다. 사망 당시 A 씨 이름으로 된 상속재산으로는 서울 성수동에 있는 시가 약 100억 원 상당의 빌딩 등을 비롯해 시가 합계 170억 원의 3개 부동산을 소유한 회사 주식 100퍼센트와 현금성 자산 50억 원이 있었다. 그런데 A 씨가 사망한 후 공동상속인 B 씨와 자녀들은 A 씨의 상속재산 전부를 아들이 단독으로 상속받는 데 동의했다. 이 과정에서 딸들의 거센 반발이 있었다. 하지만 아버지가 생전에 자신의 전 재산을 아들에게 물려주길 희망했다는 사실과 부동산과 회사를 여러 지분으로 나누게 되면 관리가 어려울 뿐만 아니라 결국에는 재산이 흩어지게 된다는 어머니 B 씨의 강력한 권유가 있어 전원 합의하게 됐다. 아울러 당시 B 씨 이름으로도 상당한 재산이 있었기 때문에, 향후 B 씨가 사망하면 그 재산은 아들을 제외하고 딸들이 나누어 가지기로 양해되었다. 결국 B 씨의 뜻대로 상속재산분할 협의가 이루어졌고 이에 따라 A 씨의 재산은 모두 아들이 상속했다.

B 씨는 2018년에 사망했는데, 사망 당시 B 씨 이름의 상속재산으로는 서울 압구정동에 있는 시가 40억 원 상당의 아파트, 보험과 펀드 등 현금성 자산 20억 원이 있었다. 딸들은 아버지가 돌아가셨을 때 약속한 대로 아들을 제외하고 자신들이 어머니의 재산을 3분의 1씩 상속받을 것으로 기대하고 있었다. 그런데 갑자기 아들이 그런 합의 사실을 부정하면서 어머니 재산 역시 법정상속분인 4분의 1씩 나누어야 한다고 주장했다. 결국 합의가 이루어

지지 않아 가정법원에서 상속재산분할 재판이 열리게 되었다. 누구의 주장이 받아들여졌을까?

아들은 이미 아버지로부터 어머니 상속재산의 4배에 가까운 재산을 혼자서 상속받았고 어머니의 상속재산은 딸들이 상속받기로 당시 합의했기 때문에 그에 따르는 것이 맞다고 생각하는 이들이 많을 것이다. 또한 어머니 B 씨가 A 씨의 상속재산을 포기하지 않았을 경우, 배우자 법정상속분을 받아 B 씨의 상속재산이 2배가 되었을 것을 생각하면 더욱 딸들의 편을 들어줄 수밖에 없다.

그러나 법률적으로는 그리 간단한 문제가 아니다. 이때 문제가 되는 것은 협의 당시에는 생존해 있던 B 씨에 대한 상속재산분할 협의가 효력이 있는지 여부이다. 또한 상속재산의 범위나 분할 비율을 정할 때 부모인 A 씨와 B 씨의 재산을 하나로 파악하여 한꺼번에 계산할 수 있는지도 문제이다. 이 사례에서 자녀들은 부지불식간에 아버지와 어머니의 상속재산을 하나로 인식하고 협의를 진행했기 때문이다.

먼저 어머니 B 씨가 사망하기 전에 아버지 A 씨의 재산 상속과 관련하여 진행한 협의의 효력에 대해 살펴보자. 향후 상속인이 될 것으로 추정되는 사람들이라도 피상속인의 사망 전에 한 상속재산분할 협의나 상속포기는 무효이다. 따라서 B 씨가 사망하기 전에 B 씨의 상속재산에 대해 이루어진 상속재산분할 협의나 상속포기는 유효하지 않다. B 씨가 나중에 사망했더라도 그 효력이 되살아나지 않는다.

결국 B 씨의 상속재산에 대해서 사망 전에 한 협의는 무효이고 사망 후에 따로 협의가 이루어지지 않았기 때문에 가정법원에서 법정상속분을 기준으로 분할이 이루어진다. 그런데 이 경우 아들이 A 씨로부터 받은 상속재산을 B 씨의 상속재산을 나누는 데 있어서 특별수익으로 볼 수는 없을까?

그렇게 되려면 A 씨와 B 씨의 재산을 전체로서 봐야 한다. 두 사람이 부부로 가족공동체를 이루고 공동재산을 형성하고 있었기 때문에, 누구 이름으로 재산을 해두었는지와 무관하게 두 사람의 재산을 하나로 파악하는 것이 허용되어야만 아들이 A 씨로부터 받은 특별수익을 B 씨의 상속재산을 나눌 때 고려할 수 있다. 하지만 법원은 분할 비율을 정할 때도 바로 그 피상속인에게 받은 재산, 즉 B 씨 생전에 B 씨의 이름으로 된 재산 중에서 아들이 받은 재산만 특별수익으로 고려된다고 보았다. 딸들은 억울했겠지만, 어머니의 상속재산분할 절차에서는 아버지의 상속재산분할 협의나 결과가 반영되지 않았고 네 남매 모두 법정상속분에 따라 4분의 1씩 상속받게 되었다.

다만 상황에 따라 딸들은 과거 아버지의 상속재산분할 협의 자체를 문제 삼을 여지는 있다. 아들이 아버지의 상속재산분할 당시 어머니의 상속재산에 대해서는 권리를 포기하겠다는 것을 조건으로 A 씨의 상속재산을 모두 상속받았는데 그 약속을 이행하지 않았다는 사정을 내세워, A 씨의 상속재산에 대한 분할 협의를 해제하거나 상속포기를 취소하여 무효화할 수 있는 가능성이 있기는 하다. A 씨의 상속재산분할 협의 과정에서 그런 특약이 있었음을 입증할 증거가 있는지, 그러한 특약과 그에 따른 아들의 의무가 A 씨 상속재산에 대한 분할 협의의 효력을 좌우할 만한 중요한 조건이나 전제가 되었는지, 협의 과정에서 아들이 딸들을 속이거나 딸들이 착오에 빠지지는 않았는지에 따라 결론은 달라질 수 있다.

외국 국적 피상속인의 한국 내 상속재산은?

법률은 규율하는 대상과 효력이 미치는 범위가 있다. 이를 결정하는 법의 태도는 전통적으로 크게 두 가지이다. 대상이 자국 영역 안에 있든 밖에 있든 그의 국적을 기준으로 본국법을 적용하는 것을 속인주의라 하고, 국적을 떠나 내국인이든 외국인이든 그 영토를 기준으로 법을 적용하는 것을 속지주의라 한다. 그런데 그러한 법의 태도는 나라마다 달라서 양국의 법률이 서로 적용되겠다고 하는 경우는 혼란이 생길 수 있다. 특히 가족관계나 상속관계를 다루는 상속법은 고유한 전통과 관습, 가치관과 생활 환경을 반영한 것이어서 나라마다 간극이 심하다. 이러한 문제를 해결하기 위해 만든 것이 '국제사법'이다. 국제사법은 여러 나라에 걸친 개인들 사이의 법률관계에 대해 어느 나라에서 재판할 것인지 그리고 그 재판에서 어느 나라의 법을 적용할 것인지를 정해준다.

최근에는 유학과 이민 등으로 해외에서 생활하는 사람들이 드

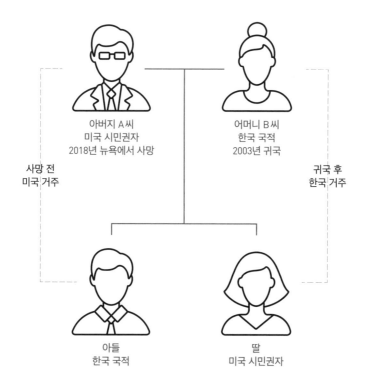

아버지 A 씨
미국 시민권자
2018년 뉴욕에서 사망

어머니 B 씨
한국 국적
2003년 귀국

사망 전
미국 거주

귀국 후
한국 거주

아들
한국 국적

딸
미국 시민권자

★상속재산
뉴욕 소재 10억 원 상당 주택(B 씨 공동 소유)
경남 소재 약 5억 원 상당 토지
예금 약 5,000만 원

물지 않다. 가족 구성원들이 제각각 다른 나라의 국적으로 살아
가는 경우도 많다. 이런 경우 상속은 어떻게 될까? 상속인들의 국
적과 거주지가 다양한 경우 상속재산분할에 어떤 문제가 생길 수
있는지 또한 어떻게 해결될 수 있는지 사례를 통해 확인해 보자.

A 씨(1930년생, 남자)는 B 씨(1933년생, 여자)와 1955년에 혼인하고

한국과 미국에서 함께 생활하면서 슬하에 1남 1녀를 두었다. A 씨는 미국 시민권을 취득하고 미국에서 주로 살다가 2018년 뉴욕에서 사망했다. 사망 당시 상속재산으로는 B 씨와 공동으로 소유하고 있던 뉴욕 소재 10억 원 상당의 주택, 경남 창원시 및 합천군 소재 합계 약 5억 원 상당의 토지 20여 필지, 한국 시중 은행에 예치된 예금 약 5,000만 원이 있었다.

한편 B 씨는 한국 국적을 여전히 보유하면서 A 씨와 함께 미국에서 살다가, 2003년경 A 씨와 크게 다투고 귀국하여 A 씨가 사망할 때까지 창원에서 미국 국적의 딸과 함께 거주했다. 그런데 미국에서 A 씨와 함께 살던 한국 국적의 아들과 상속재산분할 문제로 다툼이 생겼다. B 씨가 A 씨 사망 후 처분한 뉴욕 소재 주택의 매각 대금을 모두 가져간 후 그중 10만 달러를 함께 사는 딸에게만 주었다는 이유 때문이었다. 결국 상속재산분할에 대해 협의가 이루어지지 않자, 한국에 거주하는 B 씨와 딸은 미국에 거주하는 아들을 상대로 한국 가정법원에 상속재산분할 청구소송을 제기했다.

A 씨는 미국 국적으로 미국에서 살다가 사망했다. 딸은 미국 국적이고 부인 B 씨와 아들은 한국 국적이며, B 씨와 딸은 한국에 거주하고 있고 아들은 미국에 살고 있다. 상속재산은 미국과 한국에 분산되어 있다. 상속 문제는 어디서 어떻게 해결되는 걸까? 우리나라 법원에서 재판한다면 우리나라 법을 적용해야 할까? 아니면 미국인의 상속 문제이니 미국법을 적용해야 할까?

먼저 우리나라의 법원에서 재판할 수 있는지, 즉 '국제재판 관할'에 대해 알아보자. 국제적인 성질을 가진 개인 사이의 법률관계를 둘러싼 분쟁이 한국과 실질적인 관련이 있는 경우에는 한국 법원이 국제재판에 대한 관할권을 가진다. 사례에 대해 한국 법원은 당사자 중 일부가 한국 국적을 가지고 있고 상속재산 일부가 한국에 소재하며 재판을 위한 증거들이 한국에 있기 때문에 한국 법원에서 재판할 수 있다고 판단했다.

한국 법원에서 재판할 수 있는지와 A 씨의 상속 문제를 해결하기 위해 어느 나라 법을 적용해야 하는지, 즉 '준거법準據法'을 결정하는 것은 별개의 문제이다. 한국의 국제사법에 따르면 상속 문제는 사망 당시 피상속인의 본국법에 의하게 되어 있기 때문에 이 사건은 A 씨의 국적법인 미국법, 그중에서도 A 씨의 주소지로서 가장 밀접한 관련이 있는 뉴욕주의 상속법을 적용하는 것이 원칙이다. 다만 한국에 있는 부동산들은 미국의 국제사법Restatement of Conflict of laws에 따라 부동산 소재지의 법인 한국 민법이 적용된다. 복잡하기는 하지만, 요약하자면 미국에 있는 주택과 한국에 있는 예금의 상속에 대해서는 뉴욕주법, 한국에 있는 부동산에 대해서는 한국 민법에 따라 상속 관계가 결정된다.

당시 뉴욕주법에 따르면 피상속인에게 상속인으로 배우자와 자녀가 있을 경우 5만 달러와 나머지 상속재산의 2분의 1은 배우자에게 그 나머지 재산은 자녀에게 상속된다. 그런데 사례에서 뉴욕주에 있던 주택은 부부가 부동산 전체에 대한 소유권을 가지다가 그중 한 사람이 사망한 경우 생존한 배우자에게 모든 권리가 승계되는 공동 소유 형태(이른바 tenancy by the entirety)였다. 따라서 뉴욕주에 있던 주택은 A 씨가 사망함에 따라 B 씨의 단독 소유가 되었다. 그 외 뉴욕주법이 적용되는 상속재산은 한국 예금만 남게 되었는데 그 액수가 5만 달러 미만이므로 예금도 B 씨에게 전액 상속되었다.

한편 한국 민법이 적용되는 국내 소재 토지들에 대해 서로 간에 기여분 주장과 특별수익 주장이 있었지만 양쪽 모두 받아들여지지 않았다. 결국 한국에 있는 부동산은 한국 민법에 따른 법정상속분대로 B 씨가 7분의 3, 자녀들이 각각 7분의 2의 비율로 상속받게 되었다.

이처럼 국제적인 상속에는 생각보다 어려운 법률문제가 따른다. 외국인 또는 외국 국적의 교포가 한국의 금융기관에서 피상속인 이름으로 된 상속 예금을 인출하는 것쯤은 간단할 것 같지만 그것조차도 실제로는 만만치 않다. 예를 들어 미국 국적을 가진 상속인이 한국의 은행에 미국 국적의 피상속인 명의로 예치해 둔 상속 예금을 인출하려면 매우 까다로운 절차를 거쳐야 한다. 상속 문제만으로도 복잡한데 국제적인 요소까지 얽혀 있는 예금의 경우 한국의 금융기관이 상속에 적용되는 법률이 어느 나라의 법인지, 정당한 상속인이 누구인지, 정확한 상속분은 어떻게 되는지 판단하기가 쉽지 않기 때문이다. 금융기관으로서는 정당한 상속인이라고 주장하는 사람에게 예금을 지급했는데 나중에 다른 상속인으로부터 그 상속인의 자격이나 상속분에 문제가 있다는 이유로 이중 청구를 당할 위험도 있다.

그래서 금융기관은 예금 지급을 청구하는 상속인 또는 유언집행자(유산관리인)에게 피상속인의 사망 사실과 정당한 상속인이 누구인지를 확인할 수 있는 공적 자료는 물론 상속재산분할 협의, 유언, 상속 자격 박탈과 포기 등에 관한 정보와 자료를 요청하는 것이 보통이다. 요구하는 자료의 종류와 범위도 금융기관마다 달라서, 필요한 자료가 무엇인지 미리 정확하게 알아놓아야 수월하게 상속 예금을 찾을 수 있다.

빚 안 갚으려고 하는 상속포기, 괜찮을까?

자신이 가진 재산보다 더 많은 빚을 지고 있는 채무자가 채권자에게 피해가 되리라는 것을 잘 알면서도 자기 재산을 숨기거나 제3자에게 증여하는 것과 같은 방법으로 재산을 감소시키는 것을 '사해행위詐害行爲'라고 한다. 이러한 채무자의 재산 감소 행위를 채권자가 취소하고 그 재산을 채무자의 재산으로 돌려놓을 수 있는 권리가 '채권자취소권'이다. 채권자는 채권자취소권을 행사해 재산을 다시 채무자의 명의로 돌려놓은 후, 그 재산을 경매와 같은 강제집행을 통해 배당받는 방법으로 자기 돈을 돌려받을 수 있다.

사해행위는 유산 상속과 어떤 관련이 있을까? 상속인의 채권자 입장에서 생각해 보자. 빚을 갚지 않고 있는 채무자가 부모의 사망으로 상속을 앞두고 있다면 채권자는 머지않아 채무자가 상속받은 재산으로 채무를 변제할 것으로 기대할 수 있다. 하지만 채

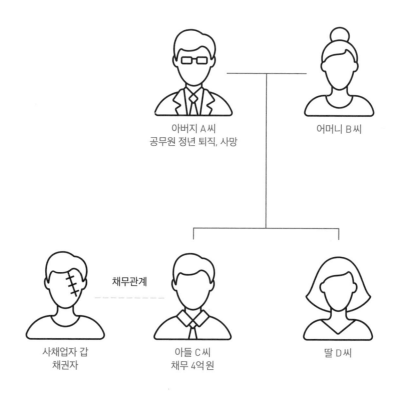

아버지 A씨
공무원 정년 퇴직, 사망

어머니 B씨

사채업자 갑
채권자

채무관계

아들 C씨
채무 4억 원

딸 D씨

★ 상속재산
시가 약 7억 원의 아파트

무자가 상속을 포기하거나 유언으로 주겠다는 유산조차 받지 않겠다고 한다면 혹은 상속재산분할 협의를 통해 다른 상속인에게 모든 상속재산을 넘겨버린다면 어떻게 될까? 채권자는 채무자가 빚을 갚지 않기 위해 고의로 상속을 받지 않았다고 주장하면서 그러한 행위를 취소하고 상속을 받으라고 하는 사해행위 취소소송을 제기할 수 있을까?

빚을 갚지 않기 위해 고민 중인 상속인 C 씨의 경우를 보자. C 씨의 아버지 A 씨는 공무원으로 정년퇴직하고 얼마 후 지병으로 사망했다. 유족으로 아내 B 씨와 장남인 C 씨 그리고 딸 D 씨가 있고, 상속재산으로는 시가 7억 원의 아파트가 있다. 그런데 C 씨는 젊은 시절부터 변변한 직업 없이 가족의 속만 썩이면서 지낸 탓에 자기 명의로 된 재산이 전혀 없다. 그뿐만 아니라 과거 A 씨에게 받은 돈으로 사업을 하다 망해 사채업자인 갑에게 4억 원가량의 빚까지 지게 됐다. C 씨는 어차피 상속을 받더라도 그 재산을 모두 사채업자인 갑에게 줄 수밖에 없다면 차라리 상속받지 않고 어머니 B 씨가 모두 상속받게 하는 것이 낫겠다고 생각한다. C 씨는 두 가지 방법을 두고 고민 중이다.

첫째는 C 씨가 법원에 상속포기 신고를 하고 나머지 상속인인 B 씨와 D 씨만 상속에 대해 협의하되, 아파트 전체를 어머니 B 씨 소유로 하는 방안이다. 둘째는 C 씨를 포함한 A 씨의 상속인들이 다 같이 모여 상속 자체는 모두 승인하되, 자녀들은 상속분을 갖지 않고 아파트 전부를 B 씨 소유로 하는 상속재산분할 협의를 하는 방안이다. 그런데 장례를 치르고 난 후 짐을 정리하다가 A 씨의 책상에서 유언장이 발견된다. 아파트를 법정상속분대로 나누어 가지라고 A 씨가 유언을 남긴 것이다. 유언에 따르면 아내 B 씨는 7분의 3을, 자녀들은 각각 7분의 2씩을 받게 된다. C 씨에게 한 가지 방법이 더 생긴 셈이다. C 씨는 세 번째 방안으로 유언을 공개하면서 자신과 동생이 유언으로 받을 부분을 모두 포기하여 어머니에게 아파트를 몰아주는 선택지도 고민하기 시작한다. 법률적으로는 각각 상속포기, 상속재산분할 협의, 유증의 포기에 해당한다.

C 씨의 채권자 갑은 C 씨가 법정상속분대로 아버지로부터 아파트 지분의 7분의 2만큼을 상속받았다면 자신의 채권을 변제받을 수 있었을 것이다. 그런데 C 씨가 채권자인 자신에게 피해를 주기 위해 상속을 거부했으니 C 씨의 행위는 취소되어야 하고, 그에 따라 B 씨는 C 씨의 상속분만큼의 아파트 지분을 C 씨 명의로 돌려놓아야 한다고 주장한다. 세 가지 방안 모두 사해행위가 될 것으로 보이는데 과연 그럴까?

법원은 첫 번째 방안인 상속의 포기는 사해행위가 되지 않는다고 판단했다. 상속의 포기는 피상속인의 재산을 일절 상속받지 않음으로써 상속인으로서의 지위 자체를 포기한다는 것이고, 상속인이 피상속인의 사망으로 상속이 개시되었다는 것을 안 날로부터 3개월 내에 가정법원에 신고하는 방식으로 가능하다. 그런데 상속의 포기가 비록 포기한 사람의 재산 상황에 영향을 미치기는 하지만 상속을 포기한 사람은 처음부터 상속인이 아니었던 것으로 취급될 뿐 아니라 상속포기는 재산적인 고려 외에도 피상속인 또는 후순위 상속인 등 다른 가족이나 친척과의 인격적인 관계를 고려한 결단이며, 상속인의 채권자 입장에서는 상속의 포기가 그의 기대를 저버리는 측면이 있다고 하더라도 상속인의 재산이 현재의 상태보다 더 악화되는 것은 아니기 때문에 사해행위가 되지 않는다는 것이다.

비슷한 이유로 세 번째 방안인 유증의 포기도 사해행위가 되지 않는다. 유증遺贈은 유언의 방법으로 하는 증여인데, 유언자의 사망으로 유언의 효력이 발생할 때 유증도 효력이 생긴다. 그런데 유증을 받을 자는 유언자의 사망 후에 언제든지 유증을 받아들이거나 포기할 수 있고, 그 효력은 유언자가 사망한 때로 되돌아가 그때부터 발생한다. 따라서 빚이 재산보다 많은 상태에 있는 채무자라도 자유롭게 유증을 포기할 수 있으며, 이 경우도 채무자의 재산을 유증 이전의 상태보다 악화시킨다고 볼 수 없다.

결국 C 씨의 상속포기나 유증의 포기는 사해행위로 취소되지 않고, 어머니 B 씨는 C 씨의 법정상속분인 7분의 2에 해당하는 아파트 지분을 C 씨 명의로 돌려놓을 필요가 없다.

그런데 상속재산분할 협의에 대해서는 법원의 판단이 달랐다. 법률적으로 보면 상속재산은 피상속인의 사망과 동시에 상속인 모두에게 포괄적으로 이전된다. 이러한 잠정적이고 과도적인 상태는 상속인이 그 상속재산을 분할해서 나누는 것으로 종료된다. 상속인 사이의 상속재산분할 협의는 반드시 법에서 정한 상속분에 따라 분할할 필요는 없고 그 내용이나 분할 비율 등을 자유롭게 정할 수 있다. 따라서 상속인 중 한 사람이 모두 상속을 받는 것도 가능하고 상속인 중 일부만 상속을 받지 않는 것도 가능하다. 그런데 상속재산분할 협의는 상속 개시로 인해 상속인이 일단 잠정적으로 소유하고 있는 재산에 관한 처분이기 때문에, 빚이 많은 상속인이 자신의 상속분을 0으로 하거나 원래 받을 수 있는 상속분보다 적게 상속받는 것은 사해행위가 된다고 판단하는 것이다.

따라서 C 씨가 자신의 상속분을 0으로 하고 아파트 전체를 B 씨 소유로 하는 두 번째 방안, 즉 상속재산분할 협의를 선택했다면 채권자인 갑에게 피해를 주는 것이어서 취소되고 원래 C 씨가 상속받을 수 있었던 구체적 상속분만큼의 아파트 지분은 C 씨 명의로 회복되어야 한다.

한편 이러한 채권자취소권이 인정되려면 그 행위로 재산을 취득하는 사람(수익자, 여기서는 어머니 B 씨)이 채권자에게 피해가 간다는 사실을 알고 있어야 한다. B 씨로서는 C 씨가 빚이 많은지, C 씨에게 채무를 갚을 다른 재산이 있는지, 상속재산분할 때문에 C 씨의 채권자에게 피해가 갈 것인지 몰랐을 수도 있다. 그러나 어머니와 아들인 B 씨와 C 씨의 관계 등에 비추어 보면 B 씨가 사해행위 사실을 몰랐다는 주장은 받아들여지지 않을 가능성이 크다. 결과적으로 상속재산분할 협의를 선택했다면 C 씨의 법정상속분만큼의 아파트 지분은 C 씨 앞으로 회복된 후, 갑의 강제집행 대상이 되었을 것이다.

핏줄이라는 이유로 상속은 보장되어야 할까?

2019년 가수 구하라 씨가 세상을 떠났을 때 국민들은 항상 밝은 에너지를 전하던 젊은 연예인의 죽음을 안타까워했다. 처음에는 죽음의 원인과 배경에 관심이 집중됐다. 그런데 그와 별개로 그녀의 죽음은 우리 사회에 전혀 예상하지 못했던 문제를 던졌다.

어린 시절 집을 나가 20여 년간 연락이 끊겼던 친모가 갑자기 나타나 구 씨가 남긴 재산에 대해 상속을 요구한 것이다. 구 씨의 오빠는 부양의무를 완전히 내팽개쳤음에도 친모라는 이유만으로 거액의 유산을 상속받는 데 대해 분통을 터트렸고, 이런 일이 재발하지 않도록 친족의 상속결격 사유를 구체화한 민법 개정안, 이른바 '구하라법'의 국회 통과를 위한 청원 운동을 벌였다. 그 이후 수십 년 전 가출해 연락도 없던 엄마가 갑자기 나타나 임무 수행 도중 순직한 공무원의 유족연금과 보상금을 요구하는 사건 등 유사한 사례들이 조명받으면서 사회적 공분을 샀다.

이 문제는 현행 상속제도와 관련해 여러 논의를 불러일으키고 있다. 핏줄로 연결이 됐다고는 하지만 가족으로서 그 역할을 전혀 하지 않았거나 심지어 학대한 가족, 생전 얼굴 한 번 비치지 않았던 가족이 상속을 받는 것이 합당하냐는 것이다.

현행법상 상속인의 지위와 자격은 피상속인과 혈연관계나 혼인관계가 있으면 당연히 인정된다. 피상속인에 대한 패륜행위나 유언과 관련한 부정행위 등 법률이 정한 한정된 결격사유가 없는 한 쉽게 박탈되지 않는다. 즉 상속인이 고의로 피상속인이나 직계존속, 선순위 상속인을 살해했거나, 사기나 협박 등의 방법으로 피상속인이 유언하게 하거나 철회하게 하는 정도의 행위가 있어야만 상속인 자격이 박탈된다. 따라서 구씨의 친모와 같이 자녀에 대한 부양의무를 다하지 않은 정도만으로는 현행법하에서 상속이 제한되지 않는다.

이 경우에도 상속 자격을 박탈해야 한다는 것이 '구하라법'의 주된 내용이다. 그런데 당시 의안에는 부양의무를 현저하게 게을리한 '직계존속'의 상속권을 박탈하는 것을 내용으로 하고 있을 뿐, 부모인 피상속인에 대한 부양의무를 현저하게 게을리한 '직계비속'이나 이미 혼인관계가 파탄이 나서 원수와 같이 지내고 있는 '배우자'에 대한 규정은 없다. 물론 이들의 상속인 자격을 박탈하는 것이 지나치다고 볼 수도 있다. 하지만 이들이 다른 상속인보다 선순위로 상속받거나 공동상속인과 동일한 상속분을 받게 되는 것은 직계존속의 경우와 마찬가지로 불합리하다. 기여분제도로는 피상속인인 부모에 대한 부양의무를 저버린 자녀의 상속분을 줄이거나 박탈할 수 없다.

한편으로 '상속권 상실 제도'를 도입하는 법안이 제출되어 있다. 상속인이 될 사람이 피상속인에 대한 부양의무를 중대하게 위반한 경우나 피상속인 또는 그 배우자 등에 대해 중대한 범죄행위나 학대 등을 한 경우에는 가정법원이 재판을 통해 상속권을 상실하게 하는 제도이다. 아울러 그러한 재판이 있으면 상속권을 상실한 사람의 직계비속이나 배우자도 '대습상속代襲相續'[5]을 할 수 없도록 한다. 이 법안에 대해서도, 위반한 부양의무의 범위나 내용의 판단 기준에 따라 수많은 분쟁을 양산할 것이라거나 기존 민법의 상속결격 제도를 손보는 것이 낫다는 의견이 있다.

그렇다면 패륜행위나 부정행위를 저지르거나 부양의무를 저버린 상속인을 상속에서 배제하는 더욱 근본적인 방법은 없는 걸까?

우리 법률은 유언으로 상속인의 자격을 정할 수 있는 이른바 '유언에 의한 상속인 지정 제도'는 받아들이지 않고 있다. 다만 피상속인이 특정 상속인에게 상속재산을 남기지 않는다는 내용의 유언을 함으로써 비슷한 효과를 거둘 수는 있다. 그러나 이러한 유산 처분의 자유는 유류분의 제한을 받는다는 문제를 안고 있다.

---

5 상속인이 될 것으로 예상되던 사람이 상속 개시 전에 어떤 사유로 상속을 하지 못하게 되었을 때, 다른 사람이 그 상속인을 대신해서 상속을 받도록 하는 것을 '대습상속'이라고 한다. 쉽게 말해 아버지가 할아버지보다 먼저 사망한 경우, 손자가 할아버지로부터 아버지 대신 상속을 받게 하는 제도이다.

우리나라를 포함한 세계 각국의 상속법은 유족에게 일정 부분의 유산을 보장하는 유류분 제도를 두고 있다. 이로 인해 비행을 저질러 재산을 상속받는 것이 부적절하거나 불효, 불화 등으로 피상속인과의 관계가 지극히 나빴던 상속인도 일정한 재산은 반드시 물려받을 수 있게 됨으로써 오히려 불효자를 양산한다는 비판도 있다.

가족의 형태와 부양, 상속에 대한 의식이 바뀌는 지금의 시대에 '구하라법'이나 '상속권 상실 제도'는 공정하고 바람직한 상속 문화를 만들기 위한 노력으로 평가될 만하다. 하지만 여기서 더 나아가 비판받고 있는 여러 제도와 함께 상속제도 전반에 관한 충분한 연구와 논의를 거쳐, 시대의 변화와 국민의 뜻에 맞는 합리적이고 바람직한 입법이 이루어져야 할 것이다.

아직은 가족, 끝까지 가족

법정상속분과 상속 순위

법정상속분은 피상속인이 상속재산분할에 대해 유언으로 정하지 않은 경우 법률에 따라 정해지는 상속분을 말한다.

- 법정상속분은 공동상속인들 사이에 균등하지만 배우자의 경우 동 순위 상속인의 상속분에 50퍼센트를 가산한 만큼이다.

- 선순위 상속인이 있으면 후순위의 상속인은 상속을 받지 못한다.

- 상속인이 되는 순서
  1순위 ⋯➡ 피상속인의 직계비속 (자식 또는 손자손녀)
  2순위 ⋯➡ 피상속인의 직계존속 (부모 또는 조부모 외조부모)
  3순위 ⋯➡ 피상속인의 형제자매
  4순위 ⋯➡ 피상속인의 4촌 이내 방계혈족 (삼촌, 이모, 사촌누나 등)

특별수익과 기여분

각각의 상속인이 상속재산분할 과정에서 실제로 받을 구체적인 상속분은 자신의 법정상속분에서 특별수익과 기여분을 고려한 만큼이다.

- 특별수익은 피상속인으로부터 생전 증여나 유증 받은 재산으로서 상속재산 중 자신의 몫을 미리 받은 것으로 평가되는 것이다. 따라서 특별수익은 자신의 구체적인 상속분 산정에서 마이너스로 작용한다.

- 특별수익에 계산되는 생전 증여가 10년 이내의 것으로 제한된다고 생각하는 것은 흔한 오해이다.

- 기여분은 상속인이 피상속인을 '특별히 부양'하거나 '상속재산의 증가나 유지에 특별한 기여'를 했을 경우 상속분 산정에 있어서 가산하는 몫을 말한다. 기여분은 자신의 구체적 상속분 산정에서 플러스로 작용한다.

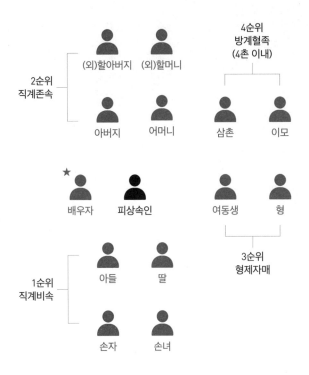

★배우자의 경우 1순위, 2순위 상속인이
있는 경우 공동 상속하고,
1, 2순위 상속인이 없으면 단독 상속한다.

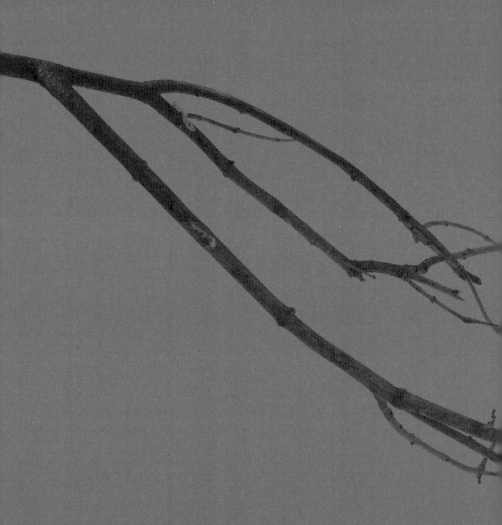

상속의 기술
—유언과 유류분

2

유언 이야기

상속은 피상속인의 사망으로부터 시작되기 때문에 엄밀히 따지면 피상속인의 문제가 아니다. 내가 죽은 뒤에 나의 유산이 어떻게 되든지 그것은 이미 죽은 내 일이 아니고, 그때는 내가 어떻게 할 수도 없다. 세계적으로 둘째가라면 서러운 우리나라의 엄청난 상속세를 줄여보려고 절세라는 명목으로 생전에 갖은 기술들을 써본다 해도 결국 그 혜택을 보는 것은 내가 아니다.

그러나 다른 한편으로 생각해 보면, 피땀 흘려 이룬 재산을 준비가 미흡해서 또는 관련 지식이 부족해서 죽은 뒤에 허공으로 날려버리게 된다면 그 또한 참을 수 없는 일이다. 사랑하는 자녀와 배우자가 조금 더 편하게 살게 해주려고 아끼고 정성스럽게 모았는데, 그것을 두고 상속인들 사이에 다툼이 일어나는 것 역시 원치 않는 일이다. 그래서 생전에 준비가 필요하고, 그러한 준비는 내가 죽은 뒤에 빛을 발하겠지만 충분히 의미 있는 일이다. 우선 생전에 재산을 적절히 승계하는 것을 생각해 볼 수 있다. 하지만 그 경우 자식들 사이 아귀다툼의 시기가 나의 생전으로 당겨지는 결과만 낳을 가능성이 있다. 또한 이미 재산을 다 받은 자녀들이 효도와 존중의 동기를 잃어 함부로 행동한다면 나의 노후는 편안하지 않을 것이다. 그래서 나의 재산을 노후까지 잘 사용하다가 죽은 후 뜻대로 승계하는 것이 더 나은 선택일 수 있다. 이때 생각해 볼 만한 방법이 '유언'이다.

유언은 내가 죽은 뒤 나의 재산에 대한 권리와 의무를 나의 뜻에 따라 가족 등 타인에게 넘겨주는 행위이다. 유언을 하지 않더라도 상속은 이뤄지지만, 유산의 승계와 분배에 나의 의사가 반영되지 못할 가능성이 크다. 유언은 단순히 후손들에게 남기는 덕담이 아니라 나의 노후, 나의 사후를 스스로 설계하고 결정하는 행위이다. 다시 말해 단순히 나의 재산을 다른 사람들에게 어떻게 나눠줄 것인가의 문제를 넘어, 유산의 분배를 통해 내가 살면서 추구했던 가치, 후손에게 전해주고 싶었던 철학이 구현되도록 할 수 있다.

요즘 우리 사회 분위기나 법률 해석의 경향은 나의 삶과 재산은 물론이고 죽음까지도 스스로 결정하도록 폭넓게 허용해야 한다는 쪽으로 흐르고 있다. 다른 사람들이 뭐라고 해도 자신이 좋아서 선택했다면 법률이나 규범, 다른 사람의 권리를 침해하지 않는 한 인정해야 한다는 것이다. 심지어 연명치료 거부나 안락사와 같이 죽음을 선택할 권리까지 제한 없이 허용해야 한다는 주장도 있다. 이런 관점에서도 유언은 중요한 의미를 가진다. 재산을 물려줄 사람이 갑자기 온전한 판단을 하기 어려운 상태에 빠지거나 숨을 거뒀을 때, 유언은 그 이후에 벌어질 일들에 대한 그의 생각을 알려주는 귀중한 길잡이가 될 수 있기 때문이다.

고령화가 급속도로 진행되면서 유언에 대한 관심도 부쩍 높아졌다. 그러나 높아진 관심에 비해 유언 문화는 아직 제대로 정착되지 못했다. 이유는 여러 가지이다. 먼저 필요성을 피부로 느끼지 못하는 사람이 많다. 정확히 말하자면 자신이 아직은 유언할 나이가 아니라고 생각하는 사람이 많다. 유언은 지극히 사적인 영역이고 내밀한 내용을 담고 있기 때문에 주변에서 경험담을 들려주는 경우도 드물다. 젊은 사람들은 그렇다고 쳐도 고령자 중에서도 정식으로 유언을 하는 사람의 비율이 그다지 높지 않다. 나이가 들어서도 먹고사는 데 너무 많은 노력을 쏟아야 하는 사회이다 보니 자신의 삶을 돌아보고 죽음을 대비하는 문화가 상대적으로 부족하기 때문이라고 짐작한다. 경제적으로 여유가 있는 사람도 생전에 교통정리가 제대로 이루어지지 않은 경우가 많다. 그들 중 열에 아홉은 "아직은 아니야", "왜 벌써 그런 걸 해야 해?"라고 말한다. 그래서 재산의 합리적 처리나 분배에 대해 계획을 세우거나 결정해 두지 않은 채 정신적으로 혼미한 상태에 빠지거나 숨을 거두는 안타까운 일이 자주 벌어진다.

유산을 물려받아야 할 상속인 입장에서도 부모나 배우자에게 이런 이야기를 꺼내는 것은 '고양이 목에 방울 달기'이다. 우리나라 정서상 부모님 생전에 재산 분배에 관해 물어보거나 유언을 요구하면 부모 재산이나 탐내는 패륜으로 받아들여지기 쉽다. 자식이 부모에게 "유언을 해두시는 게 좋습니다"라고 하면 "내가 빨리 죽기를 바라는 것이냐"라는 말을 듣게 될 것이다. 자녀들은 괜히 말을 꺼냈다가 의심과 미움을 받고 유산 분배에서 불이익을 당할지 모른다고 두려워하기도 한다. 막상 유언을 하려고 해도 어떻게 해야 할지 잘 모르겠고 격식도 까다롭다. 효과에 대한 의구심도 유언을 소홀히 하거나 꺼리게 하는 요인으로 작용한다.

어렵게 유언을 남겼다 해도 분쟁이 벌어질 가능성이 없는 것은 아니다. 우연히 그 내용을 알게 된 가족 구성원이 불만을 품고 문제를 제기할 수 있기 때문이다. 하지만 유언이 남은 가족 사이의 갈등과 분쟁의 가능성을 억제하는 것만은 분명하다. 재산 소유자가 합리적인 처리 방향을 정해두지 않고 세상을 떠났을 때야말로 분쟁 가능성이 훨씬 커진다.

유산을 둘러싼 분쟁은 통속적인 드라마의 단골 소재이다. 유산을 조금이라도 더 차지하기 위해 가족끼리 암투를 벌이거나 음모를 꾸미는 장면을 흔히 볼 수 있다. 그러나 이런 일은 드라마 속의 일만은 아니다. 유산을 더 차지하기 위해 부모와 자녀, 형제와 자매가 편을 나눠 싸우는 장면은 법원 안팎에서 쉽게 볼 수 있다. 평소 화목했던 가족일지라도 분쟁이 벌어지면 남보다 오히려 더 격렬하게 싸우기 십상이다.

상속 문제로 갈등을 겪거나 소송을 결심하는 사람들에게 가족관계가 파탄이 날 수 있음을 경고하면서 "이렇게까지 하시면 정말 돌아올 수 없는 다리를 건너시는 겁니다"라고 하면 "괜찮습니다. 안 보면 되지요"라는 답이 돌아온다. 유산을 더 차지할 수 있다면 형제자매, 부모자식의 관계가 끊어져도 상관없다는 것이다. 오직 내 것, 내 자식들에게 다시 물려줄 것에 대한 욕심 때문이기도 하지만 그간 상대에게 쌓인 서운함과 불만도 중요한 동기가 된다. 안타깝게도 갈등이 격화되기 전에 화해를 유도하거나 잘잘못을 가려주는 심판 역할을 했던 어르신은 이미 세상을 떠난 뒤이다. 사랑하는 사람에게 재산을 조금이라도 더 남겨주고 싶은 마음은 많은 사람에게 본능에 가까운 바람일 것이다. 그런데 내가 남긴 재산으로 말미암아 가족이 서로 원수가 된다면 안타까운 일이 아닐 수 없다. 가족을 사랑한다면 그래서 그들이 끝까지 가족이길 원한다면, 아직 우리가 가족일 때 유언과 같은 준비가 필요하다.

현실에서의 유언 풍경과 유언대용신탁

유언이 필요하다고는 하지만 우리 사회에서 유언의 풍경은 상당히 왜곡된 것이 사실이다. 현실에서 유언이 자신의 사후에 대한 의지와 선택을 구현하는 수단이라기보다 재산을 더 많이 차지하려는 가족들의 욕망과 음모가 투영되는 수단으로 전락하는 사례를 자주 보기 때문이다.

유언장은 누가 많이 쓸까? 본인이 자신의 의지에 따라 유언을 준비하는 경우가 더 많겠지만, 자식이나 배우자가 정신적 능력이 쇠약해지기 시작한 부모나 배우자를 부추겨서 그들에게 유리한 방향으로 유언장을 작성하게 하는 사례도 적지 않다. 법적으로 유언이 갖추어야 할 격식이 엄격하고 까다로운 것은 위조, 변조 방지 목적 외에 타인의 부추김이나 강압에 의해 유언자의 진의가 왜곡될 가능성을 차단하기 위해서이기도 하다.

민법은 유언이 법적으로 효력을 갖기 위해 필요한 방식과 절차를 상세히 규정하고 있다. 유언의 방식에는 구체적으로 자필증서, 녹음, 공정증서, 비밀증서, 구수증서 5종류가 있다. 자필증서에 의한 유언은 유언자가 유언서 전부를 직접 자신의 자필로 작성하는 방식이다. 녹음에 의한 유언은 자필증서의 내용과 형식에 따라 구술한 것을 녹음하는 것이다. 공정증서에 의한 유언은 공증인이 유언자가 말한 내용을 확인하고 직접 작성한 공정증서 형식의 유언이다. 비밀증서에 의한 유언은 유언자가 다른 관여자 없이 작성한 문서를 밀봉한 뒤에 공증인에게 확인을 받는 방식의 유언이며, 구수증서는 질병 또는 급박한 사유가 있을 때 유언자가 유언의 취지를 말하고 다른 이가 받아 적은 문서이다.

정해진 격식을 갖추어서 외견상으로는 문제가 없는 유언이 있더라도 유산을 둘러싼 분쟁이 벌어지면 유언자가 해당 유언을 할 당시 합리적인 판단을 할 수 있는 정신적 능력을 온전히 갖추고 있었는지가 쟁점이 되는 경우가 많다. 유언자가 치매를 앓거나 고령으로 정신적 능력이 현저하게 저하되었을 때 유언을 했다면 그 유언이 법적인 효력을 가질 수 있는지 의문이 생길 수 있다. 그 내용이 자신에게 유리한 쪽에서는 유언자가 유언할 당시 정신적으로 온전한 상태였다고 주장할 것이고, 반대쪽에서는 유언자의 인지능력에 문제가 있었으니 무효라고 주장할 것이다. 뒤에서 자세히 살펴보겠지만 이러한 무효 주장은 받아들여지기 쉽지 않다.

유언은 한번 하면 다시는 바꿀 수 없을까? 그렇지 않다. 제대로 유언을 했더라도 시간이 흐르면서 상황이 바뀌거나 유언자의 생각이 변했다면, 이런 변화를 반영해서 새로 유언을 하거나 아예 유언을 취소할 수 있다. 격식을 갖춘 유언이 여러 건 존재하고 그 내용이 서로 다르다면 마지막에 한 것만이 유효하다. 일부만 내용이 달라졌다면 원칙적으로 그 부분의 유언은 변경된 것으로 본다. 자식들이 평소에는 부모 모시기를 꺼리다가 임종이 임박하면 서로 모시려고 얼굴 붉혀가며 쟁탈전을 벌이는 이유 중 하나이다.

자식들이 연로한 부모를 서로 모시겠다고 경쟁한다면 이는 박수를 받을 일이다. 실제로 우리 주변에는 깊은 효심까지 이야기하지는 않더라도 그것을 당연한 것으로 여기고 진심을 다해 부모를 섬기는 존경받을 만한 사람들이 많다. 하지만 자녀들이 재산 많은 부모를 서로 모시겠다고 경쟁하는 것을 일단 색안경을 쓰고 볼 수밖에 없는 건 상속 관련 사건을 오랜 기간 담당해 온 법률가로서의 직업병이라고 해야 할 것이다. 자녀가 다른 형제의 출입을 막은 채 부모를 독점적으로 모시면서 많은 재산을 증여받거나 유언을 자신에게 유리한 방향으로 꾸미는 사례를 수없이 봐왔기 때문이다.

유언을 해두었더라도 더 노쇠한 후에 자녀나 배우자 등 주위 사람들에게 휘둘릴 위험이 있다면 다른 대안을 찾아볼 수도 있다. 자신의 노후 그리고 사후에 관해 스스로 계획하고 내린 결정이 온전하게 이행되도록 제3자의 손을 빌리는 것이다. 신탁이 대표적이다. 신탁은 타인이 내가 정한 일정한 원칙과 목적에 따라 나의 재산을 관리하고 처분하도록 소유권을 넘겨 맡기는 것이다. 특히 유언과 신탁이 결합한 '유언대용신탁遺言代用信託'이란 제도가 있다. 유언대용신탁을 통해 내가 살아 있는 동안엔 내가 맡긴 재산의 운용수익을 나 또는 내가 지정한 사람에게 제공하게 하고, 사망한 뒤에는 내가 미리 지정한 사람에게 신탁재산을 넘기거나 이익을 배분하도록 정해둘 수 있다. 유언과 비슷한 효과가 있지만 유언의 엄격한 방식은 지키지 않아도 된다. 물론 재산의 관리, 운용에 따른 비용이 발생하긴 하지만, 내가 죽은 뒤 내 재산의 처리 방향을 구체적이고 효과적으로 설계할 수 있는 좋은 방법이다.

유언이 이행된다는 것은 내가 사망했다는 뜻이다. 유언은 내가 죽거든 어떤 재산을 누구에게 얼마씩 넘겨준다는 것으로 끝난다. 다시 말해 유언에 따라 재산이 상속돼 소유권이 넘어가면 이미 죽은 나는 그 상속재산의 관리나 사용, 처분에 대해 영향을 미칠 수 없다. 그런데 유언대용신탁은 각종 조건을 달아 상속 후 재산의 처분과 관리 내용을 세부적으로 설계할 수 있다. 재산을 남겨주고 싶은 자식이나 손자가 있는데 아직 어린 경우를 생각해 보자.

상속인이 미성년인 경우 다른 성인이 법정대리인으로서 상속받은 재산에 대한 권리 행사를 도와야 한다. 이 과정에서 재산을 물려준 나의 의사가 제대로 관철되지 않거나 왜곡될 가능성을 배제할 수 없다. 유언대용신탁은 나이 어린 상속인의 성장 과정과 환경 변화에 따라 상속 효과를 단계적으로 발생하게 함으로써 이런 위험을 줄일 수 있다. 미성년 상속인이 좋은 대학에 입학하면

신탁한 재산 중에서 1억 원, 결혼을 하면 1억 원, 아이를 낳으면 1억 원을 지급받도록 해주는 식으로 정해둘 수도 있다. 내가 죽고 나서도 내 재산이 어떻게 쓰이는지를 훨씬 구체적으로 지정할 수 있는 것이다. 수혜자를 여러 명으로 하거나 자녀 다음에 손자녀까지 이어지게 하는 등 훨씬 복잡하게 설정하는 것도 가능하다. 믿을 만한 제3자인 신탁 회사에 내가 남긴 재산의 관리와 처분을 맡김으로써 추후 가족이 재산을 둘러싸고 골육상쟁을 벌일 개연성을 줄일 수 있다.

미국, 일본 등 해외에서는 유언과 관련된 신탁 제도가 많이 발달했다. 우리나라에서도 관심이 늘면서 유언대용신탁을 다루는 신탁 회사가 많아졌으며 선택지도 다양해지고 있다. 하지만 신탁만으로 모든 걸 해결할 수 있는 것은 아니다. 유언장을 작성하든 신탁을 활용하든 유류분이라는 변수를 고려해야 한다. 또한 어떤 방법을 사용해야 할지는 상황에 따라 달라질 수 있다. 그래서 우리에게는 상속을 위한 '기술'이 필요하다. 편안한 노후와 자녀 세대의 안녕을 위해 이제 현명한 상속에 필요한 구체적 기술들에 대해 알아보자.

자필 유언장 작성법

내가 죽으면 나의 모든 재산을 큰아들 B에게 준다. 집사람과 나머지 자식들에게는 이미 먹고살 만큼씩 나누어 주었으니, 나의 유산 때문에 싸우지 말고 내 뜻을 따라 어머니 잘 모시고 화목하게 지내도록 하여라.

2018. 3. 26.

유언자 A(1934. 9. 1. 생) A ⓐ

대치동 나의 서재에서 씀

유언자 A 씨(1934년생, 남자)는 2018년 3월 26일 대치동에 있는 자기 집 서재에서 위와 같은 유언장을 볼펜을 이용하여 작성했다. 그러고는 그 유언장을 편지 봉투에 넣고 입구를 풀로 붙여 밀봉해 두었다.

A 씨는 2019년 3월 26일 사망했으며 유족으로는 부인과 2남 2녀가 있다. 상속재산으로는 서울 성수동에 있는 시가 50억 원의 빌딩, 시가 15억 원의 대치동 아파트와 시가 30억 원 가치의 비상장주식, 이 밖에 예금과 보험 등 현금성 자산 합계 5억 원이 있다. A 씨의 장남은 2019년 7월 20일 A 씨의 유품을 정리하다가 유언장을 발견했다고 하면서 이 유언장에 적힌 대로 성수동 빌딩을 포함한 모든 재산을 자신의 명의로 바꾸려 한다.

우리나라에서 유언의 내용은 자유롭게 정하면 되지만, 법률이나 선량한 풍속에 위배되는 내용은 안 된다. 앞서 설명한 자필증서, 비밀증서, 공정증서, 구수증서, 녹음의 5가지 유언의 방식은 민법에 자세히 정해져 있어서 이를 반드시 준수해야만 효력이 발생한다. 따라서 법에서 정한 방식을 갖추지 못한 유언은 설령 그것이 유언자의 진정한 의사를 반영하고 있더라도 효력이 없다. 유언자가 직접 유언장을 작성하는 자필증서에 의한 유언은 작성이 간편하고 증인 등 다른 사람이 참여해야 할 필요가 없으며 비용이 들지 않고 유언 여부나 그 내용에 대하여 비밀을 유지할 수 있다는 장점이 있다. 하지만 자필증서에 의한 유언이 유효해지려면 유언자가 유언서의 본문 전부와 작성 연월일, 주소, 성명을 자서自

▦하고 날인하는 방식을 반드시 지켜야 한다.

A 씨의 유언장에 대해 장남 외 다른 상속인들이 다음과 같이 무효라고 주장한다면, 그 주장은 타당한 것일까?

1 상속재산에 대해서 하나하나 밝히지 않고 '나의 모든 재산'이라고만 했고, 장남에게만 유산을 몰아주었기 때문에 무효이다.

2 '유언장'이라는 제목을 쓰지 않았으므로 유언장으로 볼 수 없어서 무효이다.

3 A 씨의 주민등록번호가 기재되지 않아서 무효이다.

4 A 씨의 서명은 있지만, 인감도장이 날인되지 않고 소위 '막도장'이 찍혀 있기 때문에 무효이다.

5 A 씨의 주민등록상의 주소가 제대로 적혀 있지 않아서 무효이다.

6 봉투 입구의 봉한 부분에 도장을 찍어두지 않았기 때문에 무효이다.

7 A 씨가 사망한 즉시 다른 상속인에게 보여주거나, 법원에서 확인받지 않았기 때문에 무효이다.

이러한 주장에 대한 답은 A 씨의 유언장이 자필증서에 의한 유언의 방식을 제대로 갖추고 있는지에 따라 결정될 것이다. 이 주장 하나하나에 대해 살펴보자.

1 상속재산을 개별적으로 특정하지 않더라도 그 범위를 특정할 수 있으면 문제가 없다. 사례에서는 '모든 재산'이라고 했기 때문에 범위가 특정되었다고 볼 수 있다. 한편 일부 상속인에게 상속재산을 몰아주고, 나머지 상속인들을 상속에서 배제하는 것만으로는 법률이나 선량한 풍속에 위반되어 무효라고 할 수 없다.

2 유언의 주된 내용을 이루는 부분을 유언자가 직접 쓰면 충분하기 때문에 유언장의 용지나 형식에는 아무런 제한이 없다. 따라서 '유언장'이라는 기재가 없거나 일반적인 법률 문서의 형태가 아니어도 되고 일기, 편지, 메모의 형식이라도 상관없다. 그렇지만 유언자가 반드시 직접 손으로 써야 하고, 컴퓨터 등 기계를 이용하여 작성하거나 다른 사람이 대필하게 하는 것은 허용되지 않는다.

3 유언자의 성명도 반드시 직접 써야 하지만 주민등록증이나 가족관계등록부와 같은 공적 장부에 있는 것일 필요는 없고, 실제 생활에서 사용하는 이름이나 호號, 별명이어도 무방하며, 이름만 쓰고 성姓을 쓰지 않아도 된다. 유언장을 작성한 날짜를 빠뜨리면 안 되지만 주민등록번호나 생년월일을 꼭 써야 하는 것은 아니다.

4 유언자는 반드시 날인을 해야 하고 이 부분이 빠지면 유언 전체가 무효가 된다. 서명하는 것만으로는 안 되지만 도장이 반드시 행정청에 신고된 인감도장일 필요는 없고, 손도장으

로도 가능하다.

⑤ 유언자의 주소가 자필로 기재되어 있지 않으면 무효이다. 유언자의 생활 근거가 되는 곳이면 되고 반드시 주민등록상 주소가 아니어도 된다. 그렇지만 주거지를 특정하여 다른 주소와 구별할 정도는 되어야 해서 사례에서처럼 '대치동에서'라고 기재한 정도로는 안 된다.

⑥ 유언자가 유언증서를 넣은 봉투를 2인 이상의 증인 앞에 보이고 그 증인들의 서명 또는 날인을 그 봉투 표면에 받는 방식으로 하는 유언을 '비밀증서에 의한 유언'이라고 한다. 비밀증서에 의한 유언은 유언증서가 있는 봉투를 훼손하지 않고는 개봉할 수 없도록 해야 하고, 그 봉한 지점에 도장을 찍어야 한다. 그러나 사례와 같은 자필증서에 의한 유언에서는 이러한 봉인封印이 필요하지 않다.

⑦ 자필증서에 의한 유언은 위조나 변조의 위험이 크기 때문에 부동산 등기와 같이 유언의 집행을 하기 위해서는 반드시 가정법원의 검인 절차를 거쳐야 한다. 검인檢印은 판사가 유언장의 방식이나 모습 등을 조사하고 확인하는 것으로, 검인 청구는 유언자의 사망 후 바로 해야 하지만 늦더라도 유언이 무효가 되는 것은 아니다. 또한 검인 절차는 유언서가 존재한다는 것과 그 상태를 확정하기 위한 것에 불과해 검인 절차를 거쳤는지에 따라 유언의 효력이 좌우되는 것도 아니다. 유언의 존재를 다른 상속인에게 알렸는지도 유언의 효력과

는 무관하다.

결국 A 씨의 유언장에서 문제가 되는 부분은 정확한 주소를 기입하지 않은 것 한 가지이다. 다른 사항을 모두 정확히 작성했다 해도 한 가지 사항이라도 놓친다면 어렵사리 고민해서 작성한 유언장은 완전히 허사가 될 수 있다. 유언자가 정말 이야기하고 싶어 한 본질적인 부분에 문제가 있는 것은 아니어서 너무한 것 같다는 생각도 들지만, 실제로 정확한 주소를 기입하지 않아 무효가 된 판례가 다수 존재한다.

스마트폰 유언도 가능할까?

영화나 드라마를 보면 죽음을 앞둔 주인공이 캠코더를 사용해 마지막 인사를 전하는 장면이 나온다. 녹화된 영상은 대개 주인공이 죽고 한참이 지난 후 발견되거나 전달된다. 마지막 인사는 사랑의 고백일 때도 있고 단순히 어머니 잘 모시고 가족끼리 싸우지 말고 잘 살라는 정도의 유훈遺訓이나 덕담일 때도 있다. 그런데 이러한 방법으로 유산 분배를 선언해 둔다면 어떻게 될까?

요즘에는 동영상 촬영 기능이 탑재된 스마트폰을 누구나 들고 다니기 때문에 유언자의 영상이 그 음성과 함께 녹화되는 경우가 많다. 유언자가 자신의 유언을 스스로 촬영하기도 하고, 병상에서 임종을 앞둔 유언자의 진술이 제3자에 의하여 촬영되기도 한다. 이러한 영상들은 유언으로서 효력이 있을까?

민법이 허용하는 5가지 유언의 방식 중에서, 스마트폰과 같은 녹화 장치로 촬영된 영상은 서류가 필요한 나머지 4가지의 유언에는 해당할 수 없고 '녹음에 의한 유언'으로만 인정될 여지가 있다.

앞서 설명한 것처럼 민법은 유언자의 의사를 명확히 확인하고 위조를 방지하기 위해 법에서 정한 방식을 엄격하게 지킬 것을 요구한다. 녹음에 의한 유언은 유언자가 스스로 유언의 취지 그리고 성명과 연월일을 말해야 하고, 반드시 증인이 참여해 자신의 성명과 유언자의 유언이 정확하다고 말해야 하며, 이것이 모두 녹음되어 있어야 효력을 인정받을 수 있다. 녹음에 의한 유언은 자칫 녹음 파일이 지워질 수 있고 변조가 쉽다는 단점이 있다. 하지만 글자를 모르는 사람도 이용할 수 있고, 유언자가 중병으로 서류를 작성하기 힘든 경우에도 이용할 수 있다는 장점이 있다. 녹음 도구는 음향을 기록할 수 있으면 어떤 것이든 상관이 없다. 음향과 영상이 함께 기록되는 녹화도 당연히 가능하다.

따라서 스마트폰으로 녹화한 유언자의 진술은 이와 같은 내용이 모두 빠짐없이 녹음되어 있다면 녹음에 의한 유언으로 인정받게 된다. 녹화 당시 유언자가 유언을 할 수 있는 정신적 능력이 있어야 함은 물론이다.

스마트폰이나 캠코더와 같은 녹음, 녹화 장치를 이용하여 유언자, 중병으로 임종을 앞둔 사람, 치매 등 정신적 장애가 있는 사람의 모습이나 말을 녹화하는 목적은 다양하다. 녹음에 의한 유언만을 목적으로 하는 경우는 드물다. 오히려 다른 방식으로 유언을 진행하면서 당시 유언자가 유언능력이 있었다는 것을 나중에 증명하기 위해서, 또는 특정 재산에 대한 처분행위나 신분행위 당시 의사결정 능력을 보유하고 있었다는 점을 보여주기 위한 보강 증거로 준비하는 경우가 대부분이다.

후견이나 상속, 재산행위나 신분행위의 유효성을 다투는 재판에 제출되는 영상은 변조 또는 편집의 가능성이 다른 영상에 비해 높다. 모든 경우가 그런 것은 아니지만, 대개 이러한 장면을 촬영해 둔다는 것 자체가 이미 문제가 있거나, 향후 문제가 발생할 가능성이 높음을 방증한다. 그래서 그 원본의 존재 및 편집, 변조 여부에 대해 엄격한 심사가 이뤄진다.

여담이지만 소송에 제출되는 영상과 관련해 최근 '딥페이크Deepfake'가 논란이 되고 있다. 딥페이크는 컴퓨터가 스스로 데이터를 조합, 분석하여 학습하는 기술인 '딥러닝'과 속임수 또는 가짜를 의미하는 '페이크'의 합성어이다. 특정 인물의 얼굴 등을 인공지능AI 기술로 특정 영상에 합성한 편집물을 말한다. 고인이 된 가수가 마치 아직 살아 있는 듯 무대에 등장해 노래하는 영상을 제작하는 것처럼 유익하게 쓰이기도 하지만 유명 정치인의 얼굴을 합성해 가짜 뉴스를 만들거나 연예인의 얼굴을 이용해 포르노를 만드는 등 범죄로 악용되는 경우가 훨씬 많다.

이혼소송에서 상대방의 부정不貞행위 증거로 불륜 현장 영상이 제출되자 그 영상에 찍힌 사람이 자기 모습이기는 하지만 딥페이크 기술에 의해 조작된 증거일 뿐 자신이 아니라고 주장을 하는 경우도 있다. 유언이나 상속 등에 관련한 소송에서 제출된 영상의 딥페이크 변조 여부가 입증의 주된 주제가 될 날도 머지않은 것 같다.

다시 유언의 방법으로 돌아와서, 스마트폰을 이용한 유언 역시 증인의 참여 등 법에서 정한 녹음에 의한 유언의 방식을 빠짐없이 지켜야 한다. 그래서 영화나 드라마에 나오는 것처럼 단순히 혼자 상속의 의사를 녹화해서 남기는 방식으로는 유효한 유언이 될 수 없다.

이 밖에 비밀증서에 의한 유언은 유언의 내용을 비밀로 하고자 할 때 유용하다. 또한 구수증서에 의한 유언은 급박한 경우에 할 수 있다는 장점이 있다. 하지만 두 가지 모두 증인이 참석해야 하고 여러 엄격한 절차를 빠짐없이 갖추어야 한다는 점에서 번거롭다는 단점이 있다.

추후 유언의 유효 여부를 두고 상속인을 포함한 관련자들 사이에 다툼이 일어나는 것을 방지하려면 공정증서에 의한 유언이 가장 좋다. 절차가 복잡하고 비용이 든다는 단점은 있다. 하지만 말할 수 있을 정도의 건강 상태에 있다면 문자를 모르는 사람이라도 진행할 수 있다는 장점이 있다. 공증인이 유언에 관여하기 때문에 요건이 갖춰지지 않을 우려가 적어 나중에 시비가 발생할 가능성이 작을 뿐만 아니라, 증서 보관까지 공증인이 맡아주기 때문에 분실이나 위조 등의 위험이 없다는 것도 탁월한 장점이다.

유언을 하기로 결심했다면 여러 방식의 장단점을 잘 비교해 자신의 상황에 가장 적합한 방식으로 정확한 절차에 따라 진행해야 한다. 나중에 유언이 무효가 되거나 상속인들 사이에 불필요한 다툼 거리가 되지 않도록 하기 위해서이다. 뒤에서 설명할 유류분 다툼이 생기지 않도록 유언의 내용을 잘 정하는 것 역시 중요하다.

사인증여, 새로운 상속 분쟁의 뇌관

누구든 자유롭게 유언을 남길 수 있지만 법률적으로 효력을 인정받기 위해서는 엄격한 절차를 따라야 한다는 사실을 알게 되었다. 그렇다면 유언을 남기기는 했는데 그 유언에 문제가 있다는 사실을 알게 되었다면 어떻게 해야 할까? 유언장은 그저 휴지 조각이 되고 유언자의 의도를 실현할 방법은 전혀 없는 걸까? 법률이 정한 엄격한 방식을 따르지 못해 유언으로서는 효력이 없다고 해도 방법이 전혀 없는 것은 아니다. 일정한 조건을 만족한다면 유언이 아닌 '사인증여死因贈與'로 인정받을 수 있다. 하지만 이처럼 정확한 격식을 갖추지 않고 유언의 의사를 남길 경우 결국 또 다른 분쟁을 일으킬 수 있다. 사인증여는 무엇이며 유언과는 어떤 차이가 있을까? 사례를 통해 확인해 보자.

  A 씨(1961년생, 남자)는 내연 관계에 있던 B 씨(1966년생, 여자)와의 사이에서 혼외자인 아들 C 군을 낳았다. A 씨는 2016년에 '상속

내용'이라는 제목으로 다음과 같은 내용의 각서를 자필로 작성해
서 B 씨에게 주었다.

상속 내용

회사에 출근하여 일하다가 문득 나에게 무
슨 문제라도 일어나면 내 주위 사람들이 어
떻게 될지 해서 이 글을 쓴다. 현재 내가 가
진 재산(토지, 현금)에 대해 아래와 같이 정
리한다.

현재 토지 일부분에서 20억 원 정도의 금액
을 C에게 상속한다(근저당권 설정).

C는 A의 아들이자 B의 아들이다.

- 주민등록번호: …
- 주소: 서울 성동구 …

C가 35세가 되기 전에는 엄마인 B가 관리
한다.

위 내용은 사실이며, 누구도(우리 엄마, 아빠
도) 관여할 수 없다. (위 토지에 근저당 설정할
것임).

A 씨는 그 후 실제로 B 씨에게 자신의 토지에 채권최고액 15억 원의 근저당권설정등기를 해줌으로써 각서의 이행을 담보했다.

A 씨는 C 군의 출생 후 근저당권 등기를 할 무렵까지는 B 씨와 내연관계를 잘 유지했고, 불규칙적이지만 B 씨에게 생활비를 지급하기도 했다. 그런데 이후 둘의 사이가 멀어지면서 A 씨와 C 군의 관계도 단절되었다. 이에 A 씨는 2018년 B 씨와 C 군을 상대로 친생자관계존재확인소송[1]을 제기했고 소송 중에 "A가 C를 친생자로 인지[2]한다. C의 친권자 및 양육자로 B를 지정한다. A는 B에게 C의 양육비로 성년이 될 때까지 매월 200만 원씩을 지급하고 면접교섭[3]을 한다"라는 내용으로 조정이 성립되었다.

내연녀인 B 씨와의 관계가 파탄 나자, A 씨는 각서에서 약속한 돈을 주지 않겠다고 했고 B 씨의 이름으로 된 근저당권을 말소해 달라고 법원에 청구했다. A 씨의 청구가 받아들여질지는 A 씨가 작성한 각서가 법률적으로 어떤 의미를 가지는지, 그것을 A 씨 마

---

1 부모와 자녀 사이에 친자관계가 존재한다는 것을 확인하는 소송을 말한다. 보통 혼인 관계에 있지 않은 부모와 그 사이에서 태어난 자녀와 사이에서 제기되는 경우가 많다. 그 반대의 경우, 즉 그러한 친자 관계가 존재하지 않는다는 것을 확인하는 소송은 '친생자관계부존재확인소송'이다.

2 '인지認知'는 혼인 외에서 출생한 자녀에 대하여 생부 또는 생모가 자신의 자녀라고 인정함으로써, 법률상의 친자관계를 발생시키는 것을 말한다. 부모가 자발적으로 하는 인지를 '임의인지'라고 하고, 자녀가 재판상 청구를 하여 판결에 의하여 인지의 효력이 발생하는 것을 '강제인지'라고 한다.

3 현실적으로 자녀를 양육하지 않고 있는 부 또는 모와 그 자녀가 직접 만나거나 편지나 전화, 이메일을 교환하는 등 서로 접촉하는 권리를 말한다.

음대로 바꿀 수 있는지에 달려 있다.

A 씨가 작성한 각서의 내용은 유언일까? 흔히 세간에서 말하는 '유서'나 '남기는 글'과 같이 후손들에게 하는 덕담이나 당부의 말이 법률적 효력을 가지는 경우는 드물다. 유산 분배와 관련된 재산적인 문제, 혼외자의 인지나 자신의 자녀로 등재된 사람이 친생자가 아니라고 밝히는 친생부인親生否認과 같은 신분에 관한 문제에 고인의 의사가 효력을 가지려면 먼저 유언으로서 유효해야 한다. 그런데 우리가 여러 차례 살펴본 것처럼 유언은 법률이 정한 엄격한 방식을 따라야 하고, 유언 당시에 유언자에게 유언할 정도의 정신적 능력이 있어야 효력을 인정받을 수 있다.

A 씨가 작성한 각서는 우리 민법이 허용하는 5가지의 유언 방식 중 자필증서에 의한 유언으로 인정받을 가능성이 있다. 그러나 각서에는 A 씨의 주소가 기재되지 않아 유언으로서 효력이 없다. 그렇지만 이 경우 자신이 사망했을 때 특정한 재산을 누군가에게 증여한다는 내용이 포함되어 있고 받는 사람이 그에 동의했다면, 증여자와 수증자 사이에 사인증여 계약이 체결된 것으로 볼 가능성이 있다.

'사인증여'란 무엇일까? 보통의 증여는 증여자가 수증자에게 재산을 대가 없이 넘겨주겠다고 약속하는 것을 말하고, 즉시 효력이 발생하며 비교적 단기간에 재산이 이전된다. 하지만 사인증여는 증여자가 사망할 때 증여의 효력이 발생한다는 점에서 차이가 있다.

증여자가 사망할 때 대가 없이 재산을 넘겨주는 것이라면 유언으로 하는 증여인 '유증'과도 비슷해 보인다. 그러나 유증은 혼자서 할 수 있는 단독행위로서, 사인증여와 달리 받는 사람의 동의가 필요 없기 때문에 받는 사람이 잘 모르게 하는 경우가 많다. 반면 사인증여는 계약의 일종이기 때문에 명시적이든 묵시적이든 수증자의 승낙이 있어야만 유효하다. 관련 소송에서 수증자의 승낙 여부가 쟁점이 되는 것은 이 때문이다. 결국 누군가의 유언이 법률적 요건을 충족하지 못한다 해도 증여자의 증여 의사와 수증자의 승낙 의사를 증명할 수 있다면 상황에 따라 사인증여로 인정받을 수 있다.

사례에서 A 씨는 각서를 통해 자신이 사망할 때 특정 재산을 C 군에게 증여하겠다는 청약을 했고, 수증자인 C 군의 법정대리인인 어머니 B 씨가 승낙했기 때문에 사인증여 계약이 체결된 것으로 볼 수 있다. 그러면 사례와 같이 생전 당사자 사이에 체결된 사인증여 계약도 취소하거나 없던 것으로 할 수 있을까? 유언의 경우에는 유언자가 살아 있을 때 재산 상속에 관한 생각은 언제든 바뀔 수 있으므로 철회[4]하거나 수정하는 것이 허용된다. 사인증여도 그러한 철회가 가능할까?

---

4 '철회撤回'는 일반적으로 우리가 "어떤 행위를 취소한다"라고 할 때 그 취소와 비슷한 의미로 사용된다. 그러나 법률적으로 취소取消는 이미 효력이 발생한 행위를 나중에 뒤집어 그 효력을 잃게 하는 것이지만, 철회는 유언처럼 아직 사망하기 전까지는 효력이 발생하지 않은 행위의 효과를 장래에 발생하지 않도록 저지하는 것이라는 점에서 다르다.

사인증여도 보통의 증여와 마찬가지로, 서면으로 작성되지 않았거나 계약을 체결한 후에 증여받은 사람의 망은忘恩 행위가 있는 경우 혹은 증여한 사람의 재산 상태가 현저하게 악화된 경우에는 계약을 해제하는 것이 가능하다. 그렇지만 A 씨는 계약을 문서로 작성했을 뿐만 아니라 해제할 만한 특별한 사정도 없어서 이와 같은 이유로는 사인증여 계약을 무효화할 수 없다.

그런데 법원은 사례의 사인증여를 철회할 수 있다고 판단했다. 유언으로 재산을 증여한 사람이 언제든지 그 유언의 전부나 일부를 철회할 수 있는 것처럼 유증과 실제적 기능이나 사회적 의미가 비슷한 사인증여도 철회할 수 있다는 것이다. 또한 사인증여는 보통 법률적으로 보호받을 수 없는 사람들, 즉 혼외자나 내연관계, 자신을 돌봐주지만 상속권이 없거나 후순위의 친족, 친구, 이웃과 같은 사람 사이에서 이루어지는 일이 빈번한데, 그러한 관계가 파탄되거나 법적인 보호를 받을 수 있는 법률관계로 바뀐 경우에는, 증여자의 최종적인 의사를 존중하여 사인증여의 구속에서 벗어나게 하는 것이 옳다고 판단한 것이다.

A 씨는 작성 당시 법률적으로 보호받지 못하는 혼외자 C 군에 대한 상속 내지 보상의 의미로 각서를 썼다. 그런데 C 군이 나중에 A 씨의 인지로 상속권을 취득했다는 점에서 A 씨에게 사인증여를 철회할 권리를 주어도 C 군에게 크게 부당하지 않다고 본 것이다.

사례와는 조금 다른 이야기이지만, 사인증여와 관련한 최근의 분쟁 경향은 우리에게 시사하는 바가 크다. 장례식까지 다 마친 후 상속인들이 모여 상속세 신고와 상속재산분할에 관한 이야기를 시작할 즈음 상속인 중 한 사람 또는 상속인이 아닌 제3자가 난데없이 나타난다. 피상속인의 주요 상속재산을 사인증여로 받았다고 하면서 상속인들 앞에 계약서를 내놓는 것이다. 이들이 보여주는 사인증여 계약서는 망인의 진의에 따라 유효하게 작성된 것이 아닐 가능성이 있다.

유언과 달리 사인증여는 특별한 형식이 요구되지 않고 증여자의 자필로 작성될 필요도 없으며 인감도장이 날인되거나 인감증명서가 첨부될 필요도 없어서 누군가에 의해 위조되기 쉽기 때문이다. 더욱이 증여자가 치매와 같은 인지장애를 가진 사람이라면 계약 체결 당시 정상적인 판단 능력이 없었을 가능성이 높다. 또한 계약서상의 작성 시점 또한 임의로 조작되었을 가능성이 크다. 그런데 그 계약서가 상속인들 앞에 펼쳐질 때쯤이면 증여자는 이미 사망해서 그 진위를 확인하기 매우 어렵다. 사인증여의 이러한 맹점을 악용하는 사례는 점점 늘어나고 있다.

물론 인지능력에 문제가 생긴 사람의 의사를 왜곡하거나 악용하여 자신의 이득을 취득하려는 시도는 비단 사인증여의 방법으로만 가능한 것은 아니다. 인지장애 당사자 명의의 유언장을 몰래 만들거나 그의 의사를 빙자해 사망 전에 재산을 이전받을 수도 있고, 곁을 지키던 간병인이나 가정부가 혼인신고나 입양신고를 해 상속인이 되는 일도 종종 발생한다. 문제는 아무리 자세하고 치밀한 법령과 제도가 마련된다고 해도 이러한 시도나 분쟁은 쉽게 줄어들지 않고 오히려 더 기발하고 새로운 방법으로 자신의 탐욕을 채우려는 사람이 늘어날 것이라는 점이다. 자신의 미래와 사후를 미리 설계하고 상속과 관련한 법률 지식을 살펴 대비하는 일이 중요한 이유이다.

유류분 이해하기

우리 민법은 유언의 자유를 인정하고 있다. 재산을 물려주려는 사람은 자신의 상속재산을 제3자에게 유증할 수 있고, 상속인 중 일부에게 법정상속분을 초과해서 유증할 수도 있으며, 생전에 법정상속인이나 제3자에게 증여할 수도 있다. 따라서 유언이나 증여를 통해 친족 중 한 사람에게 모든 재산을 다 몰아주거나, 친족이 아닌 제3자에게 모든 재산을 물려줌으로써 친족에게 상속될 재산을 0원으로 만드는 극단적인 상황도 가능하다.

그런데 그렇게 되면 부모님 사후에 당연히 일정한 몫을 물려받을 것이라 기대했던 자녀는 불공평하다고 생각할 것이다. 특히 망인의 재산에 기대어 살던 배우자나 가족은 생활이 위태해지는 상황에 직면할 수도 있다. 소유자의 상속재산 처분의 자유와 친족들의 기대권 및 생계의 문제가 부딪치는 것이다.

이러한 문제를 해결하기 위해 마련된 것이 유류분 제도이다. 피상속인의 유언이나 생전 증여가 있더라도 상속재산 중 일정한 비율은 피상속인의 의사와 무관하게 상속인을 위해 반드시 남겨두게 된다. 이같이 유보되는 몫을 '유류분'이라고 한다. 유류분보다 적게 상속받게 된 상속인은 자신의 몫보다 많이 받은 상속인이나 제3자에게 부족한 부분만큼을 돌려달라고 할 수 있다. 피상속인은 유류분을 고려하지 않아 유산에 대한 자신의 의사를 온전히 실현하는 데 실패할 수 있으며, 상속인은 유류분 때문에 피상속인으로부터 생전 증여나 유증으로 받은 자신의 몫을 반환해야 할 수 있다. 이처럼 유류분 제도는 피상속인과 상속인 모두에게 중요한 상속의 요소이다.

우리 법은 유류분 권리를 가진 사람을 피상속인의 직계비속, 배우자, 직계존속, 형제자매로 정하고 있다. 유류분의 비율은 직계비속이나 배우자의 경우 법정상속분의 2분의 1이며, 직계존속과 형제자매는 법정상속분의 3분의 1이다. 생전 증여나 유증이 없었을 경우, 법정상속분에 따라 배분되었다면 받았을 상속재산 중에서 최소한의 상속분을 보장해 두었다고 보면 된다.

법에서 정해진 유류분 비율을 적용해 상속인 각각의 유류분 부족액을 산정하는 것은 언뜻 보면 간단해 보인다. 하지만 실제로는 다양한 요소를 고려해야 하기 때문에 훨씬 계산이 복잡하다. 법을 전공한 사람도 따로 공부하고 경험을 쌓지 않으면 쉽게 알지 못할 정도이다. 단순한 사례를 통해 계산법을 확인해 보자.

부인과 사별하고 아들과 딸만 둔 A 씨가 10억 원을 남기고 사

망했다. 직계비속은 2분의 1씩 나눠 갖게 되어 있으므로, A 씨
가 유언을 하지 않았다면 아들과 딸은 5억 원씩을 법정상속분으
로 받게 된다. 그런데 A 씨가 마지막까지 자신을 잘 보살펴 준 딸
에게 10억 원을 모두 물려준다는 유언을 남겼다면 어떨까? 유언
에 따르면 아들은 단 한 푼도 받지 못한다. 그러나 유류분 제도
에 따라 최소한의 상속분을 보장받는다. 아들은 본래 법정상속분
5억 원(=10억 원×1/2)에 유류분 비율(1/2)을 반영한 2억 5,000만 원
을 여동생에게 청구할 수 있다.

　그런데 유류분 부족액을 계산할 때는 상속인들 사이 유산 분할
의 공평을 꾀하기 위해 피상속인이 사망할 때 가지고 있던 재산
뿐만 아니라 생전에 증여한 재산도 포함된다.

　만약 이 사례에서 아들이 A 씨의 생전에 따로 4억 원을 증여받
았다면 그 돈도 유류분 계산에 반영된다. 이에 따라 유류분을 계
산하는 기초 재산은 사망 시 유언으로 딸에게 준 10억 원에 생전
아들에게 증여한 4억 원을 더한 14억 원이 되고, 아들의 유류분은
법정상속분 7억 원의 유류분 비율(1/2)에 해당하는 3억 5,000만 원
이 된다. 그런데 아들은 이미 4억 원을 생전 증여로 받았기 때문에
유류분 부족액은 마이너스 5,000만 원이 되고 따라서 딸에게 반환
을 청구할 수 있는 금액은 없다.

　이처럼 유류분을 계산할 때 자녀나 배우자와 같은 공동상속인
이 생전에 증여받은 재산은 그 증여받은 시기를 불문하고 제한
없이 모두 계산에 포함된다. 그러면 만일 A 씨가 말도 듣지 않고

효도도 하지 않는 자녀들에게 재산을 남겨주는 것이 의미 없다고 생각해 공동상속인이 아닌 제3자에게 재산을 모두 생전 증여하고 사망 시에는 남은 것이 하나도 없다면 어떻게 될까?

이때는 공동상속인에 대한 생전 증여와 다르게 본다는 것에 주의해야 한다. 증여가 상속 개시 전 1년 이내에 이루어졌거나, 증여자인 피상속인과 수증자인 제3자 모두 증여 당시 유류분 권리자에게 손해를 가할 것을 알고 증여가 행해진 경우에만 이를 유류분으로 반환받을 수 있다. 사례를 통해 살펴보자.

상속권을 가진 법률상 배우자에게는 빚만 남기고 내연녀에게 자신이 죽으면 받게 될 생명보험금 12억 원을 남기고 자살한 남자 B 씨가 있었다. 이에 B 씨의 아내는 내연녀를 상대로 자신의 상속권이 침해되었다면서 보험료 납부액에 대해 유류분 반환을 청구했다. 그러나 법원은 B 씨의 유류분 청구를 받아들이지 않았다. 왜냐하면 제3자인 내연녀를 위해 보험료를 납부함으로써 생전 증여를 한 것은 B 씨가 사망하기 4년 전에 한 일이고, 그때만 해도 B 씨의 직업이나 수입 등에 비추어 보면 증여한 금액을 제외하고도 재산이 넉넉하게 있었기 때문에 유류분 권리자인 아내에게 손해를 가할 것을 알고 행해진 것으로 보기 어렵다는 이유에서이다. B 씨와 아내, 내연녀의 관계 등에 비추어 보면 결론에 쉽게 수긍하기 어려울 수 있다. 하지만 중요한 것은 상속인이 아닌 제3자에 대한 생전 증여의 경우 유류분 반환이 쉽지 않을 수 있다는 점이다.

반면 일반 법감정과 달리 제3자에게 한 증여에 대해 유류분 반환이 이루어지는 경우도 있다. 피상속인이 복지 재단이나 대학교 발전 기금으로 자신의 재산을 모두 기부한 경우, 피상속인의 선한 뜻이나 공익적인 면에서 보면 어떤 경우에도 반환 청구가 되지 않아야 할 것 같다. 그렇지만 그 증여가 사망 전 1년 이내에 이루어졌거나 손해를 가할 것을 알았다면 상속인들에게 유류분으로 반환될 수 있고, 실제로도 그러한 사례가 적지 않다.

또 한 가지 기억해야 할 것은 유류분을 계산할 때 상속인의 기여분은 고려하지 않는다는 점이다. 앞서 살펴본 것처럼, 피상속인을 특별히 간호·부양하거나 상속재산의 관리나 증가에 공이 있는 상속인은 자신의 법정상속분보다 더 많이 상속받게 하고, 그것을 기여분이라고 한다. 그러나 특별한 기여가 있는 상속인이라도 피상속인 사망 당시 남아 있는 상속재산에 대한 분할 과정에서만 자신의 기여를 주장할 수 있을 뿐, 유류분 반환 소송에서는 이를 주장할 수 없다.

이렇게 되면 경우에 따라 상속인들 사이에 부당한 결과가 생길 수 있다. 피상속인은 마지막까지 자신을 정성스럽게 간호하고 재산을 충실하게 돌본 상속인에게 생전 증여나 유언으로 그 기여를 보상하고 싶어 한다. 하지만 유류분 산정에 기여분이 고려되지 않으면, 그 기여를 한 상속인은 자신의 피상속인에 대한 기여는 인정받지 못하면서, 피상속인으로부터 생전에 받은 증여는 특별수익으로 평가되어 다른 상속인들의 유류분 반환청구 대상이 된다.

이것이 피상속인의 원래 의도나 생각과는 전혀 동떨어진 결과임은 분명하다. 유류분 반환을 청구한 상속인이 만약 피상속인 생전 패악질을 일삼았던 가족이라면 더욱 불합리한 결과가 될 것이다.

　그래서 최근 대법원은 피상속인을 위해 헌신한 자녀가 받은 생전 증여를 유류분 계산에서 제외함으로써 이런 불합리를 우회적으로 해결하려는 시도를 하고 있다. 앞서 피상속인 배우자의 특별수익이 배우자의 기여나 노력에 대한 보상 내지 평가, 실질적 공동재산의 청산, 배우자의 여생에 대한 부양의무 이행과 같은 의미를 가진 것으로 평가된다면 이를 유류분에 산입되는 특별수익에서 제외할 수 있다고 했다. 이와 마찬가지로 피상속인에의 기여가 있는 자녀의 특별수익도 피상속인과의 유대관계, 상속인의 특별한 부양 내지 기여의 구체적 내용과 정도, 생전 증여 목적물의 종류 및 가액과 상속재산에서 차지하는 비율, 생전 증여 당시의 피상속인과 상속인의 자산과 수입 및 생활 수준 등을 종합적으로 고려해서 제외할 수 있다고 했다. 판례의 이 같은 태도는 구체적인 경우에 타당한 결론을 가져왔다는 면에서는 수긍할 만하다. 하지만 법리적으로나 실무적으로 많은 문제점을 안고 있어 결국 법률을 개정하는 근본적 방법이 필요하다는 비판도 적지 않다.

　그렇다면 유류분 제도는 어떻게 개선해야 할까? 그 도입 배경부터 다양한 비판과 해결책까지 유류분 제도에 대해 좀 더 살펴보자.

상속제도의 지뢰밭, 유류분

유류분 제도는 1955년 민법이 처음 제정될 당시에는 없었다가 1977년에서야 도입되었다. 피상속인의 상속재산 처분의 자유를 아무 제한 없이 인정하면 상속에서 배제된 가족의 생활과 안정이 보장되지 않고 흔들릴 수 있다는 비판을 받아들인 것이다. 가산 개념이 자리 잡고 있던 농경 사회에서는 주요 생산 수단인 논과 밭을 특정 자녀에게 몰아준다면 심각한 문제가 생길 수 있었다. 나머지 자녀들은 사실상 생계의 수단을 박탈당한 것과 다름없었기 때문이다.

하지만 현재 유류분 제도는 우리 상속제도에서 가장 논쟁적인 대상이 되었다. 헌법재판소에 유류분의 위헌성을 판단해 달라는 청구가 수십 건 제기돼 있을 정도이다. 유류분 권리자의 범위나 유류분 비율을 축소해야 한다거나 법에서 획일적, 일률적으로 정하지 말고 보다 유연하고 합리적으로 정할 수 있는 장치를 두어야 한다는 주장, 아예 유류분 제도를 폐지해야 한다는 주장까지 다양한 의견이 쏟아진다. 관련 법 조항이 다양한 상황을 담아내기에는 그 수가 너무 적고 간략해서 해석의 여지나 분쟁을 일으킬 소지가 크다는 지적도 있다.

유류분 제도의 폐지를 주장하는 쪽에서는 유류분이 도입되던 때와 달리 핵가족 시대인 지금은 가족의 공동재산이라는 인식이 희박해졌고, 평균 수명이 늘면서 재산 소유자가 사망할 시점에는 이미 성년이 된 자녀가 상속에서 배제됐다고 해서 생활이 위태롭게 될 가능성도 그리 크지 않다고 말한다. 유류분 도입 배경 중에는 아들에게 모든 재산을 몰아주고 부인을 쫓아내는 이른바 '축출逐出 이혼'이나, 딸을 상속에서 완전히 배제하는 것과 같은 여성 상속인 차별을 줄이려는 목적이 있었지만 지금은 이런 우려가 크게 줄었다는 주장도 있다. 이혼과 재혼, 입양이 늘어나 상속인들 사이가 혈연으로 직접 연결되지 않은 사례도 많은데, 피상속인 생전에 서로 얼굴도 몰랐던 재혼 배우자가 재혼 훨씬 전에 있었던 생전 증여를 문제 삼아 격렬한 유류분 분쟁을 벌이는 것도 폐단으로 지적된다. 또한 앞서 본 것처럼 패륜적 상속인에게도 유류분 반환청구권이 인정되거나 대학이나 복지 단체에 대한 기부 등과 같은 공익적 증여까지 유류분 반환 대상이 되는 것은 불합리하다고 한다. 더 근본적인 문제 제기도 있다. 피상속인의 재산 처분 자유는 상속인의 기대나 기여보다 우선하는데, 유류분 제도는 상속 개시 당시 남아 있는 재산만 상속한다는 상속제도의 본질을 훼손

하는 제도라고 목소리를 높인다.

그렇다면 유류분 제도가 당장 없어져야 할까? 지금 우리 사회는 초고령사회를 눈앞에 두고 있다. 피상속인이 죽었을 때 그 배우자나 직계존속, 심지어 직계비속까지 고령에 접어들어 경제적 능력을 상실한 상태일 수 있다. 피상속인이 제3자에게 재산을 전부 몰아주고 사망했을 때 유류분조차 받지 못한다면 고령의 배우자와 직계존속은 생활을 유지하지 못할 수도 있다. 피상속인의 가족, 특히 경제적으로 열악한 가족의 생활을 보호하려는 의도로 국가가 재산 처분의 자유를 일정 정도 제한하는 것은 여전히 설득력이 있다. 여성의 사회적, 경제적 지위가 예전보다 많이 개선됐다고는 하지만 여전히 남성에 비해 약자이며, 유언을 통한 상속에서 여성이 남성보다 불이익을 받는 사례가 아직도 적지 않다는 점도 유의해야 한다.

결론적으로 유류분 제도는 시대의 변화에 맞게 적절히 개정되어야 한다고 생각한다. 영국, 프랑스, 독일, 일본 등 세계 여러 나라에도 유류분 제도가 여전히 존재한다. 다만 유류분을 인정하는 친족의 범위나 비율, 유류분 계산에 고려되는 생전 증여의 범위, 유류분의 사전 포기 가능 여부, 유류분 권리의 박탈 가능 여부에 있어 나라마다 차이를 보인다. 우리의 유류분 제도도 그 권리자의 범위를 줄이고 배분 비율을 조정하며, 일정한 조건하에 유류분의 사전 포기를 허용하는 방향으로 개선되는 것이 바람직해 보인다. 실제로 변화의 바람은 불고 있다.

지금의 민법에 따르면 형제자매까지 유류분을 청구할 수 있다. 하지만 생전에 연락이 끊겼거나 불화로 오랫동안 왕래하지 않았던 형제자매까지 고인의 뜻에 반해 유류분을 청구할 수 있도록 하는 것은 피상속인 재산 처분의 자유를 과도하게 제약한다는 비판이 꾸준히 제기됐다. 이에 정부는 2022년 유류분을 청구할 수 있는 사람에서 형제자매를 제외하는 내용의 민법 개정안을 마련해 입법 예고를 했다. 상속인이 피상속인을 학대하거나 부양하지 않았을 때 법원이 그의 유류분을 상실시키거나 그 비율을 제한하는 내용의 입법이 필요하다는 의견도 있다. 반대로 피상속인의 봉양이나 재산 증가에 기여가 큰 상속인의 기여분을 유류분 계산에 반영해야 한다는 의견도 귀 기울여 볼 만하다. 또한 유류분 제도가 오히려 상속 분쟁을 유발하고 조장한다는 비판을 줄이기 위해서는 유류분에 고려되는 상속인에 대한 생전 증여 범위를 독일이나 일본처럼 10년 전까지의 것으로 제한하는 방안도 고려해 봄 직하다.

다만 유류분 제도 개정은 연령과 성별, 가족의 형태와 유대 관계, 재산의 크기나 형성 과정 등을 불문하고 우리 사회 전반의 충분한 논의를 거쳐 공감대가 형성된 방향으로 이루어져야 할 것이다. 재산 처분의 자유와 재산권 보호라는 사익과 유류분 제도로 인해 달성되는 생존권 보호와 같은 공익이 적절하게 조화될 수 있는 현명한 개정이 이루어지길 기대해 본다.

가업승계에 걸림돌이 될 수 있는 유류분

가업승계는 기업이 동일성을 유지하면서 경영이 지속되도록 소유권 또는 경영권을 후계자에게 물려주는 것을 말한다. 최근 발표된 여러 통계에 따르면 CEO가 60세 이상인 잠재적 가업승계 기업은 전체 중견기업과 중소기업의 3분의 1 이상이고 그 비율은 점점 늘어나고 있다고 한다. 가업승계는 철저한 대비와 전략이 필요한 분야이다. 제대로 준비하지 못하면 오너는 물론 기업도 위험에 빠진다. 경영권의 이전이 제대로 이루어지지 않아 후계자가 회사를 승계받지 못할 수 있고, 가업승계 시에 부과되는 막대한 세금 때문에 승계 자체를 포기해야 할 수도 있다.

가업승계의 중요성을 인지하고 미리 준비하기로 마음먹었다 하더라도 구체적인 계획을 수립하고 이를 실행에 옮기는 것은 매우 복잡하고 어려운 일이다. 여러 가지 분쟁의 소지도 크다. 회사의 의사 결정, 주식의 이전과 주주권 행사, 기업 구조조정 및 인

수·합병과 관련한 다양한 분쟁이 가업승계를 가로막는다. 그중 가장 많이 일어나는 분쟁은 경영권을 포함한 상속재산 분쟁과 세금 관련 분쟁이며, 특히 후계자와 가족 사이에서 일어나는 유류분 분쟁은 큰 변수가 된다. 유류분을 제대로 대비하지 않으면 기업 소유권이 분산되고 심할 경우 가업승계 자체가 무산될 수도 있다. 상속에서 배제됐거나 적게 물려받은 자녀나 가족이 유류분을 청구해 지분이 분산되면서 회사 경영권이 다른 사람에게 넘어가는 사태가 심심치 않게 발생하는 것이다.

배우자와 사별하고 자녀 넷을 둔 사업가가 있다. 각자의 직업을 찾아 떠난 다른 자녀들과 달리 둘째가 일찌감치 아버지를 도우며 회사 일을 배웠다. 아버지는 똘똘한 둘째가 가업을 물려받기를 원했고 실제로 자신이 보유하고 있던 회사의 주식 모두를 생전에 둘째에게 물려줬다. 아버지가 사망하자 다른 형제들은 둘째를 상대로 유류분 반환을 청구했다. 네 자녀의 법정상속분은 각각 4분의 1이고 직계비속의 유류분 비율은 법정상속분의 2분의 1이므로, 주식 외의 상속재산과 특별수익을 고려하지 않는다면 형제들은 8분의 1씩을 유류분으로 인정받는다. 둘째를 제외한 형제 3명의 유류분을 합하면 상속 대상이 된 회사 지분의 8분의 3이 된다. 만일 피상속인이 보유하고 있던 주식이 전체 회사 주식의 80퍼센트 이상이 아니라면, 둘째는 회사의 주식 과반을 확보하지 못해 단독으로 경영권을 확보하지 못할 수 있다. 특히 1~2퍼센트의 미세한 지분 차이로 경영권이 오가거나 외부로부터의 공격이 있는 상황이라면 8분의 3을 넘겨주고 난 후 경영권을 방어하기 어려운 사태가 발생할 수도 있다.

유류분의 반환 방법도 가업승계에 영향을 미칠 수 있다. 기본적으로 유류분은 원물반환[5] 원칙을 따른다. 아버지가 장남에게 모든 유산을 넘겨줬고 다른 형제들이 유류분을 청구하면 장남은 물려받은 재산 가운데 주식이면 주식, 부동산이면 부동산으로 법이 정한 비율만큼 돌려줘야 한다. 장남이 물려받은 주식 또는 부동산 가운데 유류분에 해당하는 몫을 같은 가치의 돈이나 다른 재산으로 돌려주고 싶어도 그렇게 할 수 없는 것이 원칙이다. 그런데 원물반환을 하고 나면 주식이 분산되거나 부동산의 경우 소위 '알박기' 현상이 발생해 재산권을 제대로 행사하지 못하는 사례가 발생할 수 있다.

이 때문에 원물반환만을 고수하는 것이 불합리하다는 의견이 나온다. 원물반환에 대비되는 개념은 가액반환인데, 유류분에 해당하는 금액을 따져서 돈으로 반환할 수 있도록 하는 것이다. 원물반환을 기본 원칙으로 하되, 이 원칙을 따를 경우 피상속인의 의사에 반해 가업승계가 무산되는 등 부작용이 발생할 수 있다면 가액반환을 허용하는 것이 합리적인 해결 방안으로 보인다.

주식 지분 분산이나 부동산 알박기로 가업승계나 재산권 행사가 지장을 받는 사태를 방지하려면 유산을 배분할 때 미리 유류

---

5 유류분을 침해하여 받은 증여나 유증 목적물 그 자체를 반환하는 것을 말한다.

분 청구 가능성을 봉쇄하는 방법을 생각해 볼 수 있다. 자식 중 한 명에게 회사 주식이나 빌딩을 온전히 물려주기 위해, 다른 자녀들이 청구할 수 있는 유류분의 규모를 미리 계산해 해당 금액만큼 현금성 재산이나 아파트 같은 다른 상속재산을 물려주는 것이다. 주식 또는 건물 일부를 상속받을 것으로 기대했던 다른 자녀들은 불공평하다고 생각할 수 있겠지만, 상속받은 다른 재산의 규모가 자신의 유류분을 넘어설 경우 유류분 청구소송을 제기할 수는 없다. 자신이 일군 가업이 온전히 승계되기를 원하는 사람이라면 유산 배분을 계획할 때 유류분까지 감안해 꼼꼼히 대책을 세울 필요가 있다.

효도 계약, 취소할 수 있을까?

지금까지 상속의 기술에서 가장 중요한 요소인 유언을 남기는 방법, 사인증여, 유류분에 대해 알아보았다. 유류분까지 고려하여 유언장을 작성해 놓았다면 피상속인은 자기 뜻을 상당한 정도로 실현할 수 있을 것이다. 하지만 유언의 내용은 유언자 사후에 이행된다는 점에서 생전의 영향은 제한적이다. 유언의 내용을 미리 밝혔다면 상황에 따라 일부 상속인은 피상속인 생전 공경의 동기를 상실할 수 있고, 유언 내용을 알게 된 상속인의 성화에 그 내용을 수정한다면 수정하는 대로 분쟁의 발단이 될 수 있다. 최악의 경우 피상속인이 병을 앓거나 힘을 잃게 되었을 때 타인에 의해 유언장 내용이 강제로 변경되는 일까지 발생하기도 한다.

　상속과 관련한 분쟁을 최소화하고 살아생전 화목하고 친밀한 가족관계를 유지하기 위해 보다 적극적인 방편으로 '부담부증여負擔附贈與'와 앞서 본 유언대용신탁을 고려해 볼 수 있다. 두 가지 모두 재산 이전에 조건을 부과한다는 공통점이 있다. 여기서는 이른바 '효도 계약'으로 불리는 부담부증여에 대해 알아보자.

부담부증여는 보통의 증여와 다르다. 보통의 증여는 재산을 대가 없이 상대방에게 주는 것을 말한다. 증여 계약이 서면으로 작성되지 않았거나, 증여를 받은 사람이 증여한 사람에게 범죄행위를 하거나 부양하지 않는 경우, 증여 계약 후에 증여한 사람의 재산 상황이 악화되어 생계에 문제가 생기면 증여자는 계약을 해제하여 없던 것으로 할 수 있음은 앞서 본 바와 같다. 하지만 문제는 이미 이행이 완료된 부분에 대해서는 해제하더라도 돌려받을 수 없다는 것이다.

부담부증여는 증여받는 사람이 증여를 받는 대신 일정한 행동을 해야 할 의무를 부담하는 것을 말한다. 수증자가 계약에서 정해진 행동을 하지 않는 경우에는 보통의 증여 계약과 달리 이미 이행이 완료된 부분도 반환해야 한다. 일반적으로 효도 계약에서는 연로한 부모가 특정 재산을 자녀에게 생전에 증여하되 부양이나 간병, 주기적 방문 등 일정한 행동을 하도록 조건을 설정한다. 하지만 이러한 조건들을 꼼꼼히 명시했다 하더라도 반환받기 위해서는 그러한 조건이 이행되었는지를 두고 다툼을 벌여야 하는 어려움이 따른다. 아들에게 자신의 재산 전부를 증여한 실제 사례를 보자.

A 씨(1939년생, 남자)는 2005년경 시가 20억 원가량의 서울 종로구 소재 주택과 대지를 아들 B 씨(1976년생)에게 증여했다. A 씨는

증여 계약을 할 때 아들로부터 각서를 받았다. "B는 본건 증여를 받은 부담으로 부모님과 같은 집에 동거하면서 부모님을 충실히 부양한다. B가 이를 불이행하면 A의 계약 해제 조치에 관해 일체의 이의나 청구를 하지 않고 즉시 원상회복의무를 이행한다"라는 것이 각서의 내용이었다. 증여 계약 체결 직후 B씨 앞으로 부동산 등기가 마쳐졌고, A씨 부부와 B씨 가족은 그 주택 2층과 1층에 각각 거주하게 되었다.

그런데 그로부터 11년여가 지난 2016년경, A씨는 아들이 부모를 충실하게 부양하지 않는 등 각서에서 정한 의무를 다하지 않았다면서 증여 계약을 해제하고 주택을 돌려달라는 청구를 법원에 제기한다. A씨의 청구는 받아들여졌을까?

A씨와 아들의 계약은 "부모님을 충실히 부양할 것"을 조건으로 하지 않았다면 보통의 증여 계약이 된다. 이 경우 아들이 배은 망덕한 행동을 했다고 하더라도 이미 부동산 등기가 넘어가 이행이 완료되었으므로 계약을 해제하더라도 A씨는 부동산을 돌려받을 수 없다. 하지만 부담부증여에서는 이행이 완료된 부분도 반환해야 하므로 A씨가 계약을 해제한다면 아들 이름으로 된 부동산 등기가 말소되고 A씨 소유로 회복되어야 한다. 이제 중요한 것은 아들이 각서에서 약속한 부담인 "부모님과 같은 집에 동거하며 부모님을 충실히 부양한다"라는 내용을 이행했는지 따져보는 일이다.

A씨는 아들에게 그 주택 외에도 남양주에 있는 임야 3필지를

증여했고 또한 종로구 소재 토지와 건물을 소유하고 있는 주식회사의 주식 전부를 증여하는 등 전폭적인 지원을 했다. 그런데 아들 부부와 그 자녀들은 어머니인 A 씨의 처가 2007년 이래 허리디스크 등으로 건강이 좋지 않았는데도, A 씨 부부와 함께 식사를 하지도 가사를 돕지도 않고 남처럼 살았다. 더구나 2015년경에는 A 씨의 처가 스스로 거동할 수 없을 정도로 건강이 악화되었지만 아들 부부와 자녀들은 어머니를 전혀 간병하지 않았을 뿐만 아니라 자주 찾아보지도 않았다. 참다못한 A 씨가 아들에게 주택 명의를 돌려주면 주택을 매각한 후 남는 자금으로 아파트를 마련해 이사하겠다고 했는데, 아들은 A 씨에게 "천년만년 살 것도 아닌데 아파트가 왜 필요해, 마음대로 한번 해보시지"라며 막말을 했다. 결국 A 씨 부부는 2016년경 주택에서 나와 거주지를 옮겼다. 심지어 아들은 부모님이 거주하던 주택 2층의 유리창을 깬 후 수리도 하지 않았다. 이러한 행위를 한 아들 B 씨에 대해 법원은 부모님을 충실하게 부양해야 하는 부담을 이행하지 않았다고 보았다. 결국 증여 계약은 아들의 부담 불이행으로 해제되어 주택의 등기가 말소돼야 한다는 판결이 선고되었고 이 다툼은 대법원까지 간 끝에 A 씨의 승리로 끝났다.

증여 계약에 따라 이미 등기까지 넘긴 A 씨가 구제받을 수 있었던 것은 앞서 말한 것처럼 부담부증여의 취지를 기재한 효도 계약서가 있었기 때문이다. 구체적인 조건과 반환에 대한 명시 없이는 부담부증여로 인정받지 못해 반환도 기대할 수 없다.

그런데 사례처럼 증여 계약을 체결할 때는 돈독한 관계로 지내다가 증여를 받은 후에 자녀들이 돌변하여 패륜적인 행동을 하는 경우도 종종 있어서 문제이다. 평생 부모를 존중하고 공경하던 자녀가 갑작스럽게 돌변해 배은망덕한 행동을 하는 경우는 쉽게 예상하기도 힘들고, 그러한 상황을 예측해 조건을 다는 것도 무안한 일이다. 이를 고려하여 국회에서는 '불효자 방지 법안' 또는 '불효자 먹튀 방지법'을 논의해 왔다. 지금도 비슷한 취지를 담은 민법 일부 개정안이 발의되어 있다. 증여받은 사람이 부양의무를 다하지 않거나 부모 등에 대해 학대와 같은 패륜적 범죄행위를 한 경우에는 '부담부증여'의 취지가 명시된 효도 계약서를 작성하지 않았다고 해도, 이미 등기를 넘기는 등 이행을 완료했더라도 원래대로 되돌려 받을 수 있게 하는 것이 개정안의 주된 내용이다.

아직 불효자 방지 법안이 국회를 통과하지 않았기 때문에 자녀들에게 증여를 생각하고 있는 이들은 다양한 방안을 꼼꼼히 고려해 보는 것이 좋다. 유언이나 유언대용신탁을 통해 재산의 이전을 사후로 설정하거나, 세세한 수익 조건을 설정해 수증자의 효도를 기대할 수도 있다. 하지만 무엇보다 중요한 것은 모든 제도에는 단점이 있고 빈틈이 있기 마련이라는 사실을 인지하는 것이다. 살아온 나날들만큼의 현명함과 경험을 증여와 상속에도 발휘한다면 평화로운 노후를 설계하는 일도 분명 어렵지 않을 것이다.

내 재산 언제 어떻게 물려주어야 할까?
―절세 전략

자기 재산이 자녀들에게 대가 없이 이전되게 하는 방법은 여러 가지가 있을 수 있지만 이를 법률적으로 분석하면 결국에는 증여 아니면 상속이 된다. 세법税法의 측면에서 보는 증여는 행위나 거래의 명칭이나 형식, 목적 등에 상관없이 직접 또는 간접적으로 재산을 무상으로 이전하는 것을 말하고, 상속은 사망한 사람의 권리와 의무를 일정한 사람에게 포괄적으로 이전시키는 것을 말한다. 세무적으로는 자녀의 이름으로 취득한 재산이라도 그 취득에 들어간 자금의 출처를 입증하지 못하면 부모가 증여한 것으로 추정하기도 한다. 사망한 사람의 재산이 다른 사람에게 이전되는 사유로는 앞서 살펴본 것처럼 상속, 유증, 사인증여와 같은 것이 있다. 일반적으로 알려진 바와 같이 증여세나 상속세와 같은 세금은 다른 세금에 비해 세율이 높을 뿐만 아니라 증여하거나 상속하는 재산의 가액이 커질수록 세율도 따라서 높아지기 때문에 합리적이고 치밀한 절세 전략이 필요하다.

증여세를 줄이기 위해서는 먼저 증여세 부과 대상에서 제외되는 부분, 즉 공제제도를 잘 활용해야 한다. 공제제도는 수시로 바뀌어서 잘 살펴보아야 하는데, 지금의 세법에 의하면 10년 이내에 증여한 금액의 합계액이 배우자인 경우는 6억 원, 부모나 성년 자녀인 경우는 5,000만 원, 미성년 자녀인 경우에는 2,000만 원까지 세금이 부과되지 않는다. 주의해야 할 점은 증여를 했다면 반드시 증여세 신고를 해두어야 한다는 것이다. 증여세 신고를 하지 않고 있는 동안 증여한 돈 또는 그 돈으로 얻은 재산의 가치가 불어나 있다면 세무서에서는 그 불어난 재산 가치만큼 증여한 것으로 볼 수도 있기 때문이다. 따라서 전액 공제가 되는 범위 내에서 증여하더라도 증여세를 0원으로 하여 신고하거나 소액의 증여세를 낼 정도의 금액을 증여함으로써 언제 누구로부터 얼마를 증여받아 얼마를 증여세로 내었다는 근거를 남기는 것이 좋다.

고령자가 일정 규모 이상의 재산을 처분하여 현금을 수령하거나 재산이 수용되어 보상금을 받으면 국세청에서는 일정한 기간 그 사람과 가족의 재산 변동 상황을 지켜보고 있다가 배우자나 자녀가 재산을 취득한 경우 그 취득자금을 소명하라고 하는 경우가 있다. 이를 대비해 처분 대금 사용처나 취득 자금 출처에 대한 입증 자료를 철저히 갖추어 둘 필요가 있다.

이 밖에도 부동산을 증여하고자 할 때는 부동산 가격이 하락할 것이 예상되지 않는 한 공시지가나 기준시가 고시일 이전에 증여하면 세금을 조금이라도 줄일 수 있고, 부채를 상환하려고 할 경우나 미성년자 명의로 재산을 취득하려고 할 때는 그 상환 자금이나 구입 자금의 출처 조사에 대비하여 증빙 자료를 잘 준비해 두어야 한다. 또한 할아버지가 손자에게 재산을 증여하는 것과 같이 세대를 건너뛰는 증여에는 할증된 세액이 적용된다는 사실도 알아두면 좋다.

상속세 절약 방법과 관련해서도 공제가 되는 항목을 잘 알아 두는 것이 필요하다. 지금의 세법에 따르면 상속재산이 10억 원 이하이고 사망자에게 배우자가 있다면 상속공제를 받아 상속세가 부과되지 않으므로 배우자에게 상속을 하지 않더라도 상속세 측면에서는 별다른 문제가 없다. 하지만 상속재산이 비교적 많아 상속세가 과세되는 경우에는 배우자에게 상속함으로써 최대 30억 원까지 배우자공제를 받는 것과 아닌 것에 차이가 클 수 있다. 금융재산상속공제, 동거주택상속공제 등의 상속공제 항목도 잘 알아두어야 한다. 한편 피상속인이 사망하기 10년 이내에 상속인에게 증여한 것이 있으면 그 재산의 가액은 상속세를 계산할 때 과세가액에 포함하여 계산한다는 것을 알아두어야 한다. 상속인이 아닌 사람에게 증여한 경우는 5년 이내의 것이 계산된다. 10년 전 증여는 합산되지 않고 10년 내 증여라도 그 가액은 과세 시가 아닌 증여 당시의 가액으로 평가되기 때문에 증여 시점을 잘 선택함으로써 세금을 줄일 수 있다. 또한 사망일에 임박해서는 피상속인의 재산을 처분하지 않는 것이 유리하다는 것, 상속세를 계산할 때 공제되는 피상속인의 채무를 빠뜨리지 않아야 한다는 것, 건물을 상속할 때는 월세보다 전세가 많은 것이 유리하다는 것, 사망하기 전 재산을 처분하거나 예금을 인출할 경우 그 사용 처에 대한 증거자료를 잘 준비해 두어야 한다는 것, 상속인이 상 속 개시일이 속하는 달의 말일로부터 6개월 이내에 상속세를 신 고하면 세금의 3퍼센트를 공제해 준다는 것 등을 알아두면 절세 에 도움이 된다.

가업승계에서도 세금은 중요한 문제이다. 상속세 최고세율인 50퍼센트에 더하여 대기업의 경우 최대주주 할증까지 적용되면 60퍼센트까지 세율이 치솟는다. 이런 세계적으로 최고 수준의 높 은 세율은 애써 일군 가업을 승계해서 더 발전시키려고 하는 기 업가의 의욕을 잃게 만든다. 무리하게 승계를 해서 세금으로 다 날리는 것보다는 차라리 사업을 정리해서 확보한 현금으로 상속 세가 낮은 외국으로 이주하겠다는 기업가들이 늘어나고 있다. 부 의 부조리한 편중이나 대물림은 막아야 한다. 그러나 기업가에게 경영과 승계에 대한 의지를 없애고 그것이 기업과 국가의 경쟁력 을 약화시켜 국가 전체의 경제에 부정적인 영향을 미칠 정도라면 세율 조정이나 공제 확대, 세금 분납과 같은 개선책을 심각하게 고민해야 한다.

가업승계를 위한 절세 방안에는 중장기적인 전략과 단기적인 전략이 있다. 중장기적 절세 방안의 가장 일반적인 예로는 1세대 가 오랜 기간을 두고 2세대에게 부동산이나 주식, 현금 등을 증여하는 것이다. 사전에 주식 등을 증여하지 않고 회사가 크게 성장한 뒤에 증여하게 되면 증여세 부담 역시 커지기 때문이다. 가업승계를 목적으로 가업의 주식 또는 출자지분을 증여받았을 때는 가업 영위 기간에 따라 일정한 조건과 범위 내에서 증여세를 10퍼센트(과세표준 60억 원 초과 금액에 대해서는 20퍼센트)로 낮추어 주는 과세특례가 있음을 기억할 필요가 있다. 다른 중장기적 절세 방안으로는 기업 구조조정을 통한 것이 있다. 예컨대 기업가치에 대한 정확한 평가를 마친 후 향후 성장성과 수익성이 높은 사업을 분리하여 새로운 회사를 설립하고 그 신설한 회사를 후계자에게 증여하는 것이다. 이 밖에도 후계자가 세운 별도 법인과 기존 회사를 합병하는 방법, 공정거래법상 지주회사로 전환하는 방법, 신설 회사를 세우고 기업 공개를 기대하는 제3자 투자를 받는 방법, 현물출자와 유상증자 등을 거쳐 국내외 제3자에게 매각하는 방법 등이 있다.

단기적인 절세방법으로는 상속세 및 증여세법에 따른 가업상속공제가 있다. 대상 기업의 범위와 공제 한도가 계속 개정되고 있지만, 일정 매출액 미만의 중견기업으로서 피상속인이 10년 이상 동안 40퍼센트 이상의 지분을 유지하면서 경영한 기업은 그 기간에 따라 상당한 금액의 가업상속재산에 대한 공제를 받을 수 있다. 다만 승계 이후에도 후계자가 가업용 자산의 일정 비율 이상을 처분하지 않거나 후계자의 지분을 낮추지 말아야 하고, 정규직 근로자도 일정 수준 이상 유지해야 하는 등의 제한이 따른다.

　자녀들에게 재산을 물려주는 것이 복이 아니라 독이 될 수도 있음을 부인하기는 어렵다. 그렇지만 자신이 평생 일군 가업과 재산을 건강하고 건전한 정신과 함께 후손에게 잘 승계할 수 있다면 개인에게는 물론 국가 경제에도 의미 있고 긍정적인 일이다. 또한 합법적인 범위 내에서 슬기로운 절세 전략을 미리미리 세워두는 것은 상속받을 자녀들뿐만 아니라 자신의 노후생활에도 훌륭한 선물이 될 수 있을 것이다.

유언

유언은 자신이 죽은 후 자신의 재산이나 신분에 대한 법률관계를 정하는 생전의 의사 표시를 말한다. 유언은 유언자가 유언할 수 있는 정신적 능력이 있어야 하고 반드시 일정한 방식에 따라 해야 하며, 유언자의 사망으로 효력이 생긴다.

- **유언의 방식**

  법률이 인정하는 유언의 방식은 5가지이다. 비밀증서, 공증증서, 구수증서는 2인 이상의 증인이 필요하며 녹음은 1명 이상의 증인이 필요하다.

  자필증서   **유언자가 유언 내용 전부를 직접 자필로 작성하는 방식**
  장점 비용이 들지 않으며 간편하다.
  단점 타인에 의한 변조와 은닉의 위험이 있다.

  비밀증서   **유언자가 작성한 문서를 밀봉하고 그 위에 도장을 찍어 두는 방식**
  장점 유언의 내용을 비밀로 할 수 있다.
  단점 봉인된 문서 표지에 증인 등의 서명, 날인과 확정일자를 받아야 하는 등 절차가 복잡하다.

  공정증서   **공증인이 유언자의 유언 내용을 확인하고 직접 작성하는 방식**
  장점 공증인에 의해 작성, 보관되므로 분실, 위조의 위험이 적다.
  단점 절차가 복잡하고 비용이 든다.

  구수증서   **질병 또는 급박한 사유가 있을 때 유언자가 말로 하는 유언을 다른 사람이 받아 적는 방식**
  장점 사망이 임박하거나 질환이 심한 경우에 할 수 있다.
  주의점 급박한 사유 종료일로부터 7일 이내에 법원의 검인이 있어야 한다.

  녹음   **유언자가 구술한 유언을 녹음한 것**
  장점 글자를 모르거나 서류를 작성하기 힘든 경우에도 이용할 수 있다.
  단점 녹음 파일이 지워질 수 있고 변조가 쉽다.
  주의점 참여한 증인이 유언자의 유언이 정확함을 밝혀야 한다.

유류분

피상속인의 유언이나 생전 증여가 있더라도 상속인에게 반드시 남겨두게 되는 일정한 비율의 상속재산.

- 유류분 비율
  - 피상속인의 직계비속과 배우자 ⋯⋯➔ 법정상속분의 2분의 1
  - 피상속인의 직계존속과 형제자매 ⋯⋯➔ 법정상속분의 3분의 1
  - 피상속인의 방계혈족에게는 인정되지 않는다.

- 유류분 부족액을 계산할 때는 피상속인이 사망할 때 가지고 있던 재산뿐만 아니라 생전 증여한 재산도 포함한다.

- 제3자에게 재산을 증여한 경우에는 증여가 상속 개시 전 1년 이내에 이루어졌거나 증여자인 피상속인과 수증자인 제3자 모두 증여 당시 유류분 권리자에게 손해를 가할 것을 알고 증여가 행해진 경우에만 유류분을 반환받을 수 있다.

부담부증여와 유언대용신탁

- 부담부증여란?
  증여받는 사람이 증여를 받는 대신 일정한 행동을 해야 할 의무를 부담하는 증여를 말하며 보통 효도 계약이라고 한다. 보통의 증여와 달리 그 의무가 이행되지 않을 경우 계약 해제와 반환 청구가 가능하다.

- 유언대용신탁이란?
  유언과 신탁이 결합한 제도로서 위탁자가 생전에 신탁회사 등 특정한 사람에게 재산의 소유권을 넘기되, 자신의 생전 및 사후에 그 재산의 수익 분배나 관리, 처분에 대해 정해둘 수 있게 해준다. 자신이 죽은 뒤의 재산 처리 방향을 구체적이고 효과적으로 설계할 수 있다는 장점이 있다.

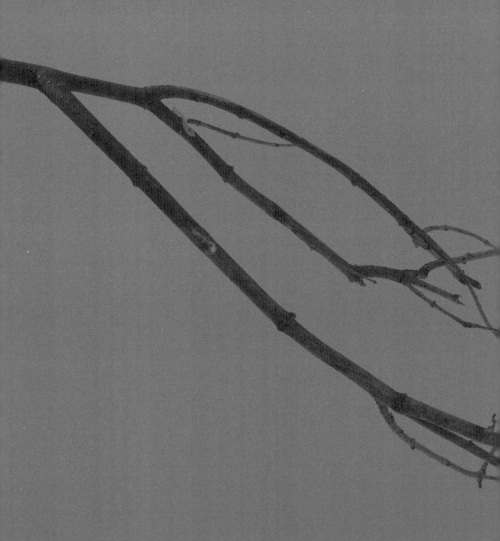

헤어질 결심
—이혼

3

아직은 부부일 때

혼인을 통해 이루어지는 '부부'는 가족을 이루는 가장 작은 단위로 인식돼 왔다. 결혼해 가정을 이룬 부부가 새로운 구성원을 낳고 양육하며, 그렇게 탄생한 가족이 국가와 사회를 구성하고 존속시킨다. 그래서 가정을 안정적으로 유지하는 것은 사회 유지에 가장 중요한 가치가 되었고 가족 사이에 서로 사랑하고 참고 희생하는 것은 미덕이 되었다.

그런데 오늘날 우리나라에서는 결혼하는 사람들이 크게 줄어들었다. 결혼이 필수라는 생각은 옅어지고 결혼 적령기에 대한 개념도 희미해졌다. 어렵게 사랑하는 사람을 만나 결혼하더라도 자아실현이나 경제적 안정, 행복 추구에 도움이 되지 않는다면 출산하지 않을 뿐만 아니라 힘들게 가정을 유지하려고 하지도 않는다. 결과적으로 이혼에 대한 결정도 쉬워졌다.

이혼은 '결혼'으로 만들어진 '부부'라는 가족관계를 해소하는 절차이다. 미성년 자녀가 있는 경우 양육자와 친권자의 지정이 문제가 되기는 하지만 기본적으로 이혼은 부부 사이의 문제이다. 혼인은 1990년대부터 감소세로 돌아섰고 이혼 건수는 한동안 가파르게 증가했다. 1993년 우리나라의 전체 혼인 건수는 40만 2,593건이었고, 이혼 건수는 5만 9,313건이었다. 한 세대가 지난 2022년에는 혼인 건수가 19만 1,690건, 이혼 건수는 9만 3,232건이다.

이혼하는 부부가 늘어나는 주요 원인으로 여성의 사회경제적 지위 향상이 거론된다. 과거 외벌이 남편에게 경제적으로 의존했던 여성들은 이혼을 하고 싶어도 꺼리는 경향이 강했다. 지금은 여성의 경제적 자립 능력이 향상되면서 경제적 이유가 이혼에 미치는 영향은 줄어들었다. 재산분할 등 여성에게 불리했던 이혼 제도도 정비됐고, 이혼을 허물로 여기는 사회적 인식도 많이 줄었다. 대체로 자녀가 많고 어릴수록 이혼을 피하는 경향이 강했는데 요즘에는 자녀가 적거나 없는 경우도 많아 이혼 결심에 대한 부담도 낮아졌다. 만일 가정 내에 물리적 폭력이나 경제적 갈등, 정서적 학대와 같은 부정적 상황이 있다면, 이를 벗어나게 하는 긍정적 효과가 부각되는 영향도 있다.

우리는 사랑하는 사람과의 혼인을 통해 행복과 기쁨의 터전을 만들기를 원한다. 그러나 어떤 이유로 그 선택이 끝까지 가지 못한다 해도 정상적이지 않다거나 무언가 결핍된 것으로 생각해서는 안 된다. 이제는 이혼 자체보다 이혼으로 인해 일어나는 여러 부정적 문제에 대한 인식과 대처가 더 중요해졌다. 건강한 관계가 이혼에 이르는 일은 없고 이혼하는 과정이 행복할 수는 없겠지만, '결과적으로' 건강한 이혼 혹은 행복한 이혼을 만들 수는 있다. 이를 위해서는 이혼을 결정하는 단계에서부터 준비 과정, 이혼 절차 진행을 거쳐 이혼 후에 이르기까지, 이혼 가정과 구성원들에 대한 경제적, 정서적, 심리적 배려가 필요하다.

　매년 빠른 속도로 늘어나고 있는 황혼이혼의 경우도 마찬가지이다. 황혼이혼은 종래 남편의 가부장적이고 권위적인 태도, 경제권의 독점, 반복된 폭언과 무시로 오랫동안 불만이 쌓여 있던 아내가 자녀 뒷바라지를 끝내고 자신만을 위한 시간, 제2의 인생을 찾는 방편으로 이해되어 왔다. 하지만 요즘에는 여성의 경제활동 참여가 늘어나고 연금분할 제도 등이 생기면서, 은퇴 후 경제적, 육체적으로 내리막을 겪는 남편들이 구박과 냉대를 받다 못해 마지막 남은 자존심을 지키려고 이혼을 택하는 경우도 늘고 있다. 고령의 재혼 부부는 전처소생들과의 상속 갈등을 예상해 이혼하기도 한다. 그렇지만 이혼에 대한 사회적 평가, 자녀들에게 끼칠지 모를 영향, 보수적인 집안 분위기, 경제적이고 현실적인 문제 때문에 선뜻 이혼을 마음먹지 못하는 부부도 있다. 황혼이혼도 법률적인 면에서는 일반적인 이혼과 다를 것이 없다. 하지만 혼인의 지속 기간, 이혼의 시기, 부부의 연령을 기준으로 생긴 개념이므로 보통의 이혼보다 세심하게 챙겨야 할 부분도 있다.

　인생의 황혼기에 이혼을 떠올렸다면 수많은 사연이 있을 것이고 고민에 고민을 거듭했을 것이다. 하지만 이혼 후의 삶에 대비하기 위해서는 냉정한 판단과 준비가 필요하다. 자유롭고 행복한 제2의 출발이 될 수도 있지만 외롭고 힘든 고통의 시작이 될 수도 있기 때문이다. 이혼하면 재산이 분할되고 주거비, 식비 등 생활비용이 2배가 되는 등 경제적인 부담이 생길 수밖에 없다. 여기에다 노화와 외로움으로 인해 신체적으로나 정신적으로 어려움을 겪을 수도 있다. 황혼이혼을 앞두고 있다면 이런 점을 간과해서는 안 된다.

황혼이혼의 대안으로 '졸혼卒婚'을 고려하기도 한다. 법률적인 혼인관계는 유지하되 결혼의 책임에서 벗어나 각자의 자유로운 삶을 누리자는 것이다. 졸혼에 합의한 실제 부부들은 각자의 삶에 대해 서로 간섭하지 않고 자유롭게 살되, 집안 결혼식이나 명절 등 공식적인 행사에만 함께 참석하며 좋은 관계를 유지하기도 한다. 관계가 더 악화되는 것을 막고 현재의 답답한 상황에서 벗어날 수 있다는 점에서는 분명 긍정적인 면이 있다. 하지만 졸혼이라는 것이 법률로 정해져 있는 것이 아니어서 사적인 합의를 한다고 하더라도 혼인에 따른 법률적인 의무, 상속이나 재산분할과 같은 문제는 여전히 남아 있기 때문에 근본적인 해결책이라고 보기는 어렵다.

부부는 결혼생활이 길어질수록 인생 여정을 함께하는 친구나 동반자가 되어주길 원한다. 그러나 그러한 바람과 다른 경우도 적지 않다. 세월이 지날수록 서로 사랑하고 배려하며 희생하기보다는 다투는 일이 더 많아져 함께 사는 것 자체가 고통이자 절망이 되어버리기도 하는 것이다. 결국 부부가 신체적, 경제적, 사회적인 면에서 변화를 맞고 있는 상대방을 애정 있게 바라보며 서로 이해하고 배려하는 노력 없이는 노후의 불신과 갈등의 산을 넘기 어렵다. 직장과 가정에서의 짐을 내려놓음으로써 시간적 여유가 늘어나고 그나마 부부를 하나로 묶어주었던 자녀들이 떠나갔다면, 상대방을 대하는 각자의 태도와 마음을 둘러보고 함께 즐길 수 있는 여가생활을 찾는 노력을 하는 것이 중요하다. '황혼 결혼생활'이든 '황혼이혼'이든 희생과 노력이 필요하다. 결혼생활을 지속하고자 한다면 상대방을 존중하고 배려하기 위해 더 많이 노력해야 할 것이며, 이혼을 원한다면 상대방과의 결별이 자유롭고 행복한 삶을 위한 제2의 출발만을 뜻하지는 않는다는 것을 인지하고 이혼 과정과 그 이후의 삶을 충실히 설계해야 할 것이다.

협의상 이혼과 재판상 이혼

구청에 가서 신고만 하면 되는 결혼에 비해 이혼은 훨씬 까다로
운 절차를 밟아야 한다. 당연한 이야기이지만 이혼할 때 가장 중
요한 것은 부부 모두 이혼하겠다는 의사가 확실히 있어야 한다는
것이다. 다음으로는 청산과 분할의 과정이 필요하다. 미성년 자녀
가 있다면 친권자와 양육권자를 누구로 할지, 양육비는 얼마씩 부
담할지, 면접교섭은 언제 어떻게 몇 번이나 할지와 같은 문제를
풀어야 한다. 마지막으로 부부의 재산에 대한 분할도 적정하게 이
루어져야 한다. 이런 쟁점들이 원만하게 합의되면 협의상 이혼[1]을
하면 된다. 한쪽은 이혼을 원하지만, 다른 쪽은 결혼 유지를 바라

1 판결을 예상하고 재판을 통해 이혼의 여러 쟁점을 다투는 '재판상 이혼'에 반대되는
개념으로 보통 '합의이혼'이라는 말을 널리 쓴다. 그러나 정확한 법률상 용어는 '협
의상 이혼'이다. 이혼재판 도중에 조정이나 화해라는 절차를 통해 판결 없이 실질적
인 '합의' 이혼을 할 수 있다. 그래서 이 책에서는 조금 듣기 어색하겠지만 '협의상 이
혼'이라는 말을 쓴다.

거나 친권, 양육권, 재산분할 등에서 이견이 좁혀지지 않으면 재판을 거쳐야 한다.

관련 사항에 대해 아무런 이견이나 다툼이 없더라도 이혼을 하려면 '숙려熟慮기간'이라고 하는 일정한 시간을 가져야 한다. 이른바 '홧김에 하는 이혼'을 방지하기 위해 문턱을 둔 것이다. 당장헤어지기를 원하는 부부는 "이혼하겠다는데 왜 이렇게 오래 걸리느냐?", "고민해서 결정한 것인데 왜 마음대로 이혼도 못 하게 괴롭히느냐?"라고 항의하기도 한다.

그러나 숙려기간은 시간을 두고 화도 가라앉히고 상담도 받으며 혼인생활의 과거와 미래, 이혼의 필요성과 결과를 차분히 생각해 보라는 취지로 만들어진 제도이다. 미성년 자녀가 있으면 숙려기간은 1개월에서 3개월로 늘어난다. 더욱 신중히 결정하라는 뜻이다. 이 경우 숙려기간에 '자녀 양육 안내'와 같은 상담과 교육도 의무적으로 받게 된다. 부모가 이혼한 뒤 자녀들이 겪는 스트레스와 혼란, 심리적 갈등과 고통을 미리 생생하게 보여주고 대처법을 알려줌으로써 이혼을 재고해 보라는 것이다.

협의상 이혼의 경우도 이혼할 의사가 있는지를 확인받기 위해, 법원에 최소 한 차례는 출석해야 한다. 부부가 협의이혼 신고서를 법원에 제출하고 정해진 날짜에 출석하면, 판사는 이혼 의사와 사유를 확인한 다음 확인 도장을 찍어준다. 이혼으로 생길 수 있는 여러 문제를 미리 정리해서 왔기 때문에 대부분 짧고 간단하게 진행된다.

평일 오전 10시 서울가정법원 1층 협의이혼실 앞에는 어두운 얼굴로 핸드폰에 시선을 고정한 많은 남녀가 자신의 순서를 기다린다. 이혼 의사를 확인하는 판사 앞에 선 그들은 이렇게 간단하게 이혼이 되느냐고 묻기도 하고, 떨리는 눈빛을 보이며 주저하기도 한다. 하지만 절차가 끝나면 뒤도 돌아보지 않은 채 서둘러 각자의 길을 떠난다. 많은 하객에 둘러싸여 행복한 미래를 다짐하며 축복 속에 결혼생활을 시작한 그들이지만 이별의 날에는 그들을 위로하거나 격려하러 온 하객도, 이날을 기념하기 위한 사진 촬영도, 부케도 없다. "이혼 의사 확인하였습니다"라는 판사의 딱딱한 '이혼 주례'만 있을 뿐이다.

법원에서 판사의 확인 도장이 찍힌 협의상 이혼 의사 확인서를 받았더라도 그 서류를 구청에 제출하지 않으면 이혼은 성립되지 않는다. 실제로 확인서를 부여잡고 주저하며 몇 개월 이상 구청에 제출하지 않기도 하고, 아예 이혼이 이루어지지 않은 상태로 그대로 헤어져서 사는 사례도 있다. 이 경우 법률상 부부관계는 유지된다.

다만 신고까지 마쳐서 이혼이 법적으로 완성되면 되돌리기가 쉽지 않다. 결혼의 경우에는 혼인신고가 정상적으로 이루어졌다고 하더라도 혼인관계를 진정으로 맺을 생각 없이 다른 목적이나 강압에 의해 결혼했다는 것이 입증되면 비교적 쉽게 혼인을 무효로 할 수 있다. 이혼의 경우에도 법률상 혼인관계를 해소하려는 실질적 이혼 의사가 있어야 하는 것은 마찬가지이지만 혼인의 경우와는 조금 다르다. 내심으로는 진짜로 이혼할 생각은 없이 나른 필요, 예컨대 남편이 빚을 져서 재산을 부인 명의로 돌리기 위해서라거나, 행정상 편의를 위해 1인 가구가 되기 위해서 등의 이유로 서류상으로만 정리해 두는 이른바 '가장 이혼' 또는 '위장 이혼'의 경우에도 나중에 그것을 무효로 하는 것은 쉽지 않다. 그래서 편의상 서류상으로만 이혼해 두었다가 낭패를 보는 경우가 있으므로 신중해야 한다. 이에 대해서는 뒤에서 사례를 통해 확인해 볼 것이다.

재산분할에 대한 합의는 협의상 이혼을 위한 필수조건은 아니다. 이혼만 먼저 한 다음 재산분할에 관한 논의를 해도 된다. 이혼 이후 재산분할에 대한 협의가 원만히 이루어지지 않는다면 이혼한 때로부터 2년 안에 재산분할소송을 제기할 수 있다.

이혼할지 말지 또는 미성년 자녀를 누가 키울지 등에 대한 문제에 대해 합의하지 못하면 어쩔 수 없이 가정법원에 재판을 청구하고 법원의 판결을 통해 이루어지는 '재판상 이혼'을 해야 한다. 부부 사이에 이혼하는 것에 대해 의사가 일치하지 않을 때 이혼을 청구할 수 있는 요건은 여섯 가지로 정해져 있다. 먼저 '배우자가 부정한 행위를 했을 때'이다. 쉽게 말해 배우자가 바람을 피운 경우이다. 그런데 상대방이 바람을 피웠다고 느끼는 행위의 종류와 범위는 사람마다 다를 수 있다. 부인은 남편이 나 몰래 다른 여자와 만나 그윽한 눈빛을 주고받으며 커피를 마신 것만으로도 바람을 피웠다고 느낄 수 있지만 남편은 사업상의 만남이나 사교활

동에 불과하다고 주장할 것이다. 어떤 남편은 부인이 옛 남자친구와 문자 메시지로 대화한 것을 외도로 문제 삼지만 부인은 감정이 전혀 없는 그냥 친구 사이라고 항변하기도 한다.

그렇다면 어디서부터가 이혼을 청구할 수 있는 배우자의 부정한 행위에 해당하는 걸까? 뒤에서 더 자세히 살펴보겠지만 반드시 혼외婚外의 성관계를 맺어야만 하는 것은 아니다. 정서적이고 심리적인 측면에서 부부의 정조의무에 충실하지 않으면 그것도 이혼 사유에 해당한다고 본다.

지금은 폐지된 간통죄는 달랐다. 혼외의 성관계 사실이 입증되어야만 성립되었다는 점이 이혼 사유로서의 부정행위와 다르다. 그래서 과거 간통죄가 있던 시절엔 증거를 확보하기 위해 배우자가 다른 사람과 밀회를 즐기는 여관방 문을 차고 들어가서 알몸으로 누워 있는 모습을 사진으로 찍고 휴지통을 뒤지는 일이 벌어졌다. 그리고 간통죄로 고소하면 수사기관이 나섰다. 수사기관이 추가로 증거를 수집하고 자백을 받은 다음 기소가 이루어졌다. 간통죄가 인정되어 형사처벌을 받게 되면 위자료, 재산분할 등과 이혼소송도 비교적 순조롭게 해결됐다. 하지만 간통죄가 폐지되면서 수사기관이 개입할 여지는 사라졌다. 이처럼 상간자相姦者[2]에 대해서 형사책임을 묻지 못하게 되자 위자료를 청구하는 민사 또는 가사소송이 늘어나게 됐고, 부정행위에 대한 위자료를 증액

---

2 간통행위를 한 상대방을 말한다.

하거나 징벌적 손해배상제도를 도입해야 한다는 목소리도 높아졌다.

배우자의 부정한 행위를 이유로 이혼을 청구하려면 여전히 증거 확보가 가장 큰 관건이다. 과거에는 불륜의 꼬리를 밟고 증거를 모으려고 배우자를 미행하는 고전적 수법을 많이 썼다. 최근에는 자동차 블랙박스 영상이나 핸드폰 녹음, 구글 타임라인, 숙박업소 CCTV, 신용카드 사용 내역과 같은 수많은 디지털 장치와 기능이 부정행위의 증거 수집 역할을 담당하게 되었다. 이제 배우자의 외도를 의심하는 사람은 어떻게든 상대방의 핸드폰을 열어보려고 하거나 자동차 블랙박스를 뒤져본다.

몰래 바람을 피우는 배우자의 부정행위 증거를 확보한다는 게 생각보다 쉬운 일은 아니다. 개인정보보호 규정이 강화되어 배우자의 이메일이나 통화기록 등을 들여다보기도 어려워졌다. 끓어오르는 분노와 꼬리에 꼬리를 무는 의심에 못 이겨 섣불리 배우자의 비밀을 캐거나 불륜의 증거를 수집하려고 무리하다가는 형사처벌을 받게 될 수도 있음을 주의해야 한다. 우연히 알게 되었더라도 배우자 승낙 없이 배우자의 아이디와 비밀번호로 이메일 계정에 접속하거나 핸드폰 잠금장치를 풀고 들어가 메시지를 캡처하고 사진을 다운받으면 「정보통신망 이용촉진 및 정보보호에 관한 법률」 위반죄로 처벌받을 수 있다. 몰래 녹음기를 설치해서 본인과 배우자 사이의 대화 외에 배우자와 다른 사람과의 대화를 동의 없이 녹음하거나, 배우자 모르게 차량에 위치추적기를 설치하면 「통신비밀보호법」이나 「위치정보의 보호 및 이용 등에 관한 법률」 위반죄로 처벌받을 수도 있다. 암암리에 탐정을 고용하는 것은 어떨까? 예전에는 사설탐정이나 흥신소를 통해 어떤 사람의 소재나 신용을 알아보는 것이 원칙적으로 금지됐지만 지금은 합법의 영역으로 들어와 있기는 하다. 그러나 탐정이 할 수 있는 업무 범위에 불륜 증거 수집은 없다. 증거를 수집한답시고 차량에 위치추적기를 부착하거나 컴퓨터나 전화를 해킹하는 등의 불법적인 방법을 쓰면 공범으로 함께 처벌될 수도 있다. 남편과의 불화로 이혼 상담을 하러 온 여성 고객이 있었다. 남편이 바람을 피우지는 않느냐고 물었더니 "우리 남편이 다른 건 몰라도 바람을 피울 위인은 아니에요"라며 부정했다. 그런데 몇 주 뒤 남편의 외도 증거를 잔뜩 가져와 놀란 적이 있었다. 탐정을 고용했더니 남편이 몇 년 전부터 계속 바람을 피워온 여자를 찾아 왔다는 것이다.

그러면 불법적인 방법으로 획득한 증거는 이혼소송에서 증거로 쓸 수 있을까? 증거 수집 절차까지 합법적이어야만 유죄 인정의 증거로 사용될 수 있는 형사소송과 달리, 이혼소송에서는 수집 과정에서 일부 불법적인 요소가 있다고 해서 증거로서 그 효력이 반드시 배척되는 것은 아니다. 채증의 합법성 여부보다는 행위가 실제로 이뤄졌는지, 그 행위의 내용과 성격이 어떠한지를 더 중시하는 경향이 있다.

'배우자가 악의로 다른 일방을 유기한 경우', '배우자의 생사가

3년 이상 분명하지 않은 경우'도 이혼 청구 사유이다. 배우자가 집을 나간 뒤 장기간 연락되지 않고 심지어 생사가 불분명하다면 혼인관계를 지속할 의사나 능력이 없다고 판단해 이혼을 허용해 주는 것이다. 또한 '배우자 가족과의 불화'도 이혼의 사유가 된다. 고부간의 갈등이 대표적이다. 가정법원 공보관으로 근무하던 시절, 명절이 지나고 나면 언제나 기자들이 '명절 이후 이혼 건수 급격히 증가'라는 기사를 내기 위해 이혼 건수 추이를 물었던 기억이 있다. 평소 조금씩 쌓여온 배우자에 대한 실망과 불만이 명절 전후 시댁 또는 처가와의 갈등과 맞물리면서 고조되기 때문일 것이다. 법원은 과거에 비해 배우자 가족과의 갈등이나 불화를 이혼 사유로 삼는 데 다소 너그러워진 경향이 있는 것 같다. 자녀가 한두 명으로 줄고 성년 자녀들이 부모에 의존하는 경우가 많아지면서 부부 사이 관계에 가족들의 역할이나 비중이 더 커진 것이 하나의 이유가 아닌가 한다.

마지막은 '기타 혼인을 계속하기 어려운 중대한 사유가 있는 경우'이다. 한눈에 봐도 범위가 무척 넓다. 그런데 부부 중 한 사람은 중대한 사유가 있다면서 이혼을 바라지만 상대방은 그럴 의사가 없다면 어떨까? 상식적으로 이런 관계에서는 결혼생활이 순탄하게 유지되기 어려울 것이다. 그렇지만 이혼을 원하는 사람뿐 아니라 결혼생활 지속을 원하는 사람의 의사도 존중되어야 한다. 여기서 이른바 '유책주의', '파탄주의'의 문제가 생긴다.

유책주의는 혼인관계를 계속 유지하기 어려운 중대한 사유가 있더라도 이 사유 발생에 책임이 있는 배우자는 이혼을 청구할 수 없다는 개념이다. 우리 대법원이 채택하고 있는 원칙으로서 혼인 파탄에 주된 책임이 있는 배우자의 이혼 청구는 받아들이지 않는다. 유책주의에는 역사적 배경이 있다. 과거에는 바람을 피운 남편이 조강지처를 버리고 다른 여자와 결혼하려는 경우가 많았다. 혼인이 파탄 났다고 해서 본처가 원하지 않는데 이혼을 허용해 주면 이른바 '축출 이혼'이 발생한다. 더구나 이 경우 대부분의 본처는 아이를 키우고 집안일을 했을 뿐 자신의 이름으로 된 재산도, 수입을 얻을 직업도 없는 경우가 많았다. 그 결과가 부당함은 두말할 것도 없다. 본처는 이혼을 '당하고' 힘들게 살아가는데 정작 바람을 피워 가정을 파탄 낸 사람은 배우자를 저버리고 자유롭게 새 결혼을 할 수 있도록 법이 조력해서는 안 된다는 생각이 힘을 얻었다.

유책주의 때문에 파탄의 원인을 제공한 배우자는 상대방이 이혼에 동의해 줄 때까지 기다려야 한다. 외도로 혼외 자식까지 낳았음에도 배우자가 동의해 주지 않아 이혼하지 못하는 사례를 언론보도나 주위에서 종종 볼 수 있다.

우리 대법원은 여전히 유책주의를 고수하고 있지만 이미 깨진 부부관계를 억지로 유지하도록 하는 게 옳으냐는 문제 제기는 계속되고 있다. 실제로 부부관계의 실체가 사라졌고 함께 살지도 않고 얼굴도 보지 않는 무의미하고 공허한 혼인관계의 유지를 법적으로 강제한다면 현실과 법적인 신분 사이에 괴리가 발생한다. 여기서 혼인을 유지하기 어려운 중대한 사유가 인정되면 책임 소재를 따지지 않고 이혼을 승인해 주는 파탄주의 논리가 나온다. 파탄에 도달한 혼인관계를 유지하는 것은 부부 모두에게 이익이 되지 않는다고 보고 갈라서게 하는 것이다. 서구에서는 대체로 파탄주의를 채택하고 있다.

근래 법원에서는 예외적으로 파탄주의에 기댄 판결을 하기도 한다. 유책 배우자가 이혼 청구소송을 제기했다가 기각되고 시간이 한참 흐른 뒤 다시 이혼을 청구했을 때 등이다. 유책 배우자의 책임을 묻기 어려울 정도로 많은 시간이 흘렀고 부부관계를 회복하기 위해 서로 노력하지도 않는 상황에서, 실체가 사라진 혼인을 계속 유지하는 것은 유책 배우자에 대한 보복이나 오기의 의미밖에 없다고 본 것이다.

과거에 비해 개선되었지만, 남성과 여성의 경제적 자립 능력 격차는 여전히 존재하고 있다. 미성년 자녀의 양육 부담 역시 아직은 여성이 책임지는 경우가 많기 때문에 우리나라가 곧장 파탄주의로 넘어간다면 여러 부작용이 생길 수 있다. 파탄주의가 제대로 기능하려면 이혼 이후 여성의 경제적 자립, 미성년 자녀의 양육 여건 등에 대한 우호적인 환경과 제도 마련이 우선되어야 할 것이다.

혼인관계 파탄 후의 불륜, 허용될까?

이혼을 하는 방법 그리고 재판상 이혼 사유에 대해 살펴보았다. 이론적으로는 쉽고 명확한 것처럼 보이지만 현실에서 일어나는 사건은 법적으로 규명하고 진실을 다투어야 하는 사정들이 복잡하게 얽혀 있어 그리 간단하지 않다. 실제로 어떤 행위가 부부의 정조의무에 충실하지 않은 행위에 해당하는지, 어떤 경우에 부부생활이 이미 파탄에 이르러 실체가 없다고 보는 것인지, 그리고 각각의 결론이 서로 어떤 영향을 미치는지는 구체적인 사안을 떠나서는 일률적으로 말하기 어려운 문제이다. 해당 문제들이 얽힌 사례를 통해 그 기준을 알아보자.

A 씨(1958년생, 남자)와 B 씨(1960년생, 여자)는 1988년 결혼해서 두 자녀를 두었다. 두 사람은 경제적인 문제, 성격 차이 등으로 결혼 초기부터 불화를 겪어왔다. 2014년 2월경 A 씨가 "우리는 부부가 아니다"라는 말을 했고, 이 말을 들은 B 씨가 곧장 가출하면서

별거가 시작됐다.

남편 A 씨는 B 씨가 가출한 이후에도 아내를 설득하거나 부부 관계를 회복하려는 노력을 하지 않고 비난만 하면서 지내오다가 2018년 4월경 B 씨를 상대로 이혼소송을 제기했다. 1심에서 A 씨가 승소해 이혼 판결이 선고됐는데 B 씨가 항소하면서 자신도 이혼을 청구하는 반소를 제기했다. 결국 각각의 이혼 청구가 받아들여져서 2020년에 이혼 판결이 확정[3]되었다.

B 씨는 가출 후인 2016년 봄 등산 모임에서 알게 된 남성 회원 C 씨와 간간이 연락을 주고받고 여러 차례 금전 거래도 하면서 친밀하게 지내왔다. 부부의 이혼 재판이 한창 진행 중이던 2019년 1월의 어느 날 밤, C 씨가 B 씨의 집을 찾아가 서로 키스와 애무를 했다. 그런데 당시 밖에 있던 A 씨가 출입문을 두드리는 바람에 그만두게 되었다.

남편 A 씨는 C 씨가 자기 아내와 부정행위를 저질렀다고 주장하면서 C 씨에게 정신적 손해에 대한 위자료 3,000만 원을 청구했다. 이 청구는 받아들여졌을까?

부부에게는 법률상 동거의무 또는 부부공동생활 유지의무가 있는데 여기에는 부정행위를 하지 말아야 할 '성적性的 충실 또는

---

3 하나의 사건에 대해서 보통은 세 번까지 재판을 받을 수 있는데, 모든 사건이 3심을 거치는 것은 아니고 1심 판결 또는 2심 판결에 대해서 불복하는 신청('상소'라고 하고 1심에 대한 불복은 '항소', 2심에 대한 불복은 '상고'라고 한다)을 하면 상급 법원(고등법원 또는 대법원)에서 재판을 받을 수 있다. 선고된 판결에 대해 상소할 수 있는 기간(보통은 판결문을 받은 날로부터 14일) 내에 아무도 상소하지 않음으로써 더 이상 그 판결에 대해서 다툴 수 없는 상태가 되는 것을 재판의 '확정'이라고 한다.

정조貞操의무'가 포함된다. 그 때문에 부부 중 한쪽이 부정행위를 한 경우에는 재판상 이혼 사유가 되고, 부정행위를 한 쪽은 그로 인해 상대방이 입게 된 정신적 고통에 대해 불법행위로 인한 손해배상책임을 진다.

앞서 살펴봤듯이 여기서 부정행위는 간통죄의 '간통姦通'보다는 넓은 개념이다. 법원은 간음에 이르지 않더라도 부부 중 한쪽이 제3자와 한 방에서 속옷만 걸친 채 발각되거나, 반신불수로 정교情交 능력이 없는 남자와 동거하는 경우에도 부정행위가 될 수 있다고 한다. 결국 부정행위에 해당하는지는 그 행위를 하는 당사자의 주관적인 의도, 행위의 객관적인 성격과 맥락, 사회의 일반적인 통념을 고려해서 판단된다고 할 수 있다. 그런 관점에서 B 씨와 C 씨의 행동은 충분히 부정행위로 볼 수 있다.

그러면 부정행위에 가담한 제3자에게도 책임을 물을 수 있을까? 타인도 부부공동생활에 개입해 방해하거나 파탄을 초래하는 행위를 해서는 안 되는 것은 당연하다. 따라서 제3자가 부부 중 어느 한쪽과 부정행위를 함으로써 혼인의 본질에 해당하는 부부공동생활을 침해하거나 그 유지를 방해하고 배우자로서의 권리를 침해했다면 제3자는 그 배우자에게 정신적 고통에 대한 불법행위 책임을 지게 된다.

그런데 혼인관계가 완전히 파탄이 난 후에 부정행위가 있었더라도 결론은 같을까? 우리 법원은 그렇게 보지 않는다. 혼인생활이 파탄이 나서 부부공동생활이라고 할 것조차 남아 있지 않다면 그 부부 사이의 성적인 충실의무는 소멸하기 때문에, 제3자가 부부 중 한쪽과 부정행위를 하더라도 부부공동생활을 침해하거나 그 유지를 방해한 것으로 볼 수 없고, 배우자의 권리가 침해되는 손해가 생긴다고 볼 수도 없다고 했다.

결국 사례에서 법원은 문제가 된 행위 당시 A 씨와 B 씨의 이혼소송이 완전히 확정되지는 않았지만, 둘 사이의 혼인관계가 이미 파탄되고 그 상태가 고착되어 둘 사이에서는 더 이상 부부공동생활의 실체가 존재하지 않았기 때문에 C 씨가 침해하거나 방해할 부부공동생활이 없다는 이유로 A 씨의 청구를 받아들이지 않았다.

이와 같은 판결이 선고된 후로는 부정행위를 한 사람들이 자신의 부정행위를 정당화하기 위해 이 판결이 자기의 사례와 똑같다고 주장하는 경우가 늘어났다. 즉 부정행위를 저지른 당사자가 도리어 배우자를 상대로 이혼을 청구하는 것이다. 또는 그와 부정행위를 한 상간자가 불법행위 책임을 면하기 위해 부정행위를 한 것은 맞지만 혼인생활이 이미 파탄이 난 후에 한 일이라고 주장하기도 한다. 다만 이런 주장들은 책임을 피하고자 파탄 상황이나 시기를 꾸며내는 경우가 많아 잘 받아들여지지 않는 경향이 있다. 상간자 쪽의 주장 중에는 상대방에게 배우자가 있다는 사실을 몰랐다거나 배우자와의 혼인관계는 이미 파탄이 되었고 서류 절차만 남았다고 하는 상대방의 말을 믿었다는 주장도 있다. 이 역시 대부분 변명에 불과한 경우가 많다.

배우자의 정신질환, 이혼 사유가 될까?

A 씨(1974년생, 여자)와 B 씨(1977년생, 남자)는 2006년경 혼인신고를 한 법률상 부부로서 2명의 미성년 자녀를 두고 있다. 그런데 A 씨는 2008년경부터 바이러스와 오염에 대한 강박관념을 가지게 되어 지나치게 자주 손을 씻고 청소를 하는 증상이 생겼다. 2011년경에는 남편 B 씨의 잦은 외박과 거듭되는 사업 실패, 부정행위에 대한 의심, 막내 출산까지 겪으면서 우울증과 결벽증이 악화되었다. 2013년부터는 청소에 하루 대부분의 시간을 소모하는 등 정상적인 일상생활을 할 수 없게 되었고 결국 두 달 동안 정신병원에 입원하기도 했다.

B 씨는 2014년경 아내를 상대로 이혼소송을 제기했다. 소송에서 부부는 이혼 대신 3년 동안 별거하되, 남편이 자녀들을 키우고 아내에게 부양료를 주는 것으로 합의가 이루어졌다. 그런데 아내 A 씨는 이혼소송 과정에서 심한 스트레스를 겪은 데다가 자녀들

에 대한 면접교섭이 원활하지 않자, 환청이 들린다면서 혼잣말을 하거나 밥에 독이 들었다며 식사를 거부하는 등 우울증이 악화되었고, 결국 2015년경 다시 정신병원에 입원했다. A 씨는 자녀들과의 면회가 재개되고부터는 취미생활과 구직활동을 하려는 의지를 보이는 등 다소 회복되어 한 달 만에 퇴원했고, 그 후로는 통원치료를 받고 있다.

한편 남편 B 씨는 법원 조정에서 정한 부양료를 주지 않았고 아내가 자녀들과 만나는 것도 막았다. B 씨는 별거 기간이 지났는데도 아내의 정신질환이 전혀 호전되지 않아 부부공동생활이 불가능하다고 주장하면서 2018년 다시 아내를 상대로 이혼소송을 제기했다.

사례와 같이 배우자에게 정신질환이 있는 경우 이혼 사유가 될 수 있을까? 배우자의 정신질환을 법률상 이혼 사유로 명시하는 국가도 있다. 하지만 우리 민법에는 명문 규정이 없어 포괄적인 이혼 사유로 정하고 있는 '기타 혼인을 계속하기 어려운 중대한 사유' 문제로 다룬다. 해당 사유에는 정신질환, 약물중독, 성교 거부, 성기능 장애, 변태적 성행위 강요, 임신 거부, 종교로 인한 갈등, 배우자의 범죄행위 또는 수감, 성격 차이나 애정 상실, 장기간의 별거 등 혼인생활의 파탄을 일으키는 다양한 원인이 포함된다.

그러나 그러한 사유가 있다고 해서 언제나 이혼이 되는 것은 아니다. 치매나 정신질환을 앓고 있는 배우자가 고령, 실직, 경력단절 등의 이유로 경제적 능력을 상실했다면 그 배우자는 이혼으로 생존의 위기에 처하게 된다. 이런 경우가 많아지면 사회적 문제가 발생할 가능성도 있다. 그렇지만 정신질환을 앓고 있는 사람의 상대방 배우자나 가족에게 한없이 정신적, 경제적 희생을 감내하게 하는 것은 가혹한 일이 될 수도 있다. 치매나 정신질환은 그 자체만으로는 문제가 되지 않을 수 있지만 그로 인해 가족과 주변인에 대한 폭언, 폭력, 괴롭힘, 유기, 이상행동과 같은 문제를 일으킬 수 있고 경제적인 부담도 따르기 때문이다. 그렇다면 어떤 경우에 이혼이 허용되고 어떤 경우에는 허용되지 않는 걸까?

대법원은 부부 중 한쪽이 정신병적 증세를 보여 혼인관계를 유지하는 데 어려움이 있다고 하더라도 그 증상이 가벼운 정도에 그치거나 회복이 가능하다면, 상대방 배우자는 사랑과 희생으로 그 병의 치료를 위해 최선을 다해야 할 의무가 있다고 본다. 노력을 제대로 해보지도 않고 이혼을 청구할 수는 없다는 것이다.

하지만 단순히 애정과 정성으로 간호하면 되거나 예후를 예측할 수 있는 것이 아니라면 결론은 달라진다. 정신질환이 가족 구성원 전체에게 끊임없는 정신적, 육체적 희생을 요구하고 경제적 형편에 비추어 과도한 재정적 지출을 요할 뿐 아니라 그로 인해 다른 가족 구성원들의 고통이 언제 끝날지 모르는 상태에 이르렀다면 이혼 사유가 될 수 있다고 본다. 가정은 단순히 부부만의 공동체가 아니라 자녀 등 모든 구성원의 공동생활을 보호하는 기능을 가진 것이기 때문에 온 가족이 헤어날 수 없는 고통을 받는다면 다른 쪽 배우자와 가족들에게 한정 없이 참고 살아가라고 강요할 수는 없기 때문이다.

　결국 법원은 다음과 같은 이유를 들어 남편 B 씨의 청구를 기각했다. 먼저 아내 A 씨가 정신병적 증세와 그로 인한 비정상적 행동을 보이기 시작한 것이 남편 B 씨의 거듭된 사업 실패와 잦은 외박, 부정행위를 족히 의심할 만한 여러 사정이 발견된 시점이었고, B 씨는 A 씨의 결벽증과 우울증이 발병한 이후 아내의 치료를 위해 별다른 노력을 기울이지 않았다고 했다. 또한 A 씨의 정신병적 증세는 일상생활에 다소 어려움을 겪는다고 하더라도 불치라고 보기 어렵고, A 씨의 증세가 다른 가족 구성원의 신체적 안전을 해하거나 급박한 위험을 초래하지도 않는 것으로 봤다. 그뿐만 아니라 거듭된 사업 실패에도 불구하고 남편은 본가의 도움으로 비교적 여유 있는 생활을 하지만 치료비와 생활비 등의 도움이 절실한 아내에게는 법정에서 약속한 부양료를 포함해 별다른 경제적 지원을 하지 않은 사실도 이유가 됐다. 끝으로 법원은 A 씨가 자녀들과의 면접교섭을 통해 생활의 의욕을 찾고 증세가 호전되고 있는 것을 보아, A 씨의 치료를 위해 B 씨를 포함한 가족 모두의 지속적인 애정과 관심이 요구된다고 했다.

이혼과 재산분할

재산분할은 이혼 과정에서 뜨거운 쟁점이 된다. 관심이 워낙 높다 보니 인터넷에는 '부부생활 10년이면, 재산분할 50 대 50'과 같은 부정확한 정보가 난무한다. 재산분할에는 상당히 복잡한 법리가 있고 각각의 사례마다 개별적으로 고려해야 할 사항이 많기 때문에 지나치게 사안을 일반화하거나 단편적인 사실만으로 결과를 단정하는 정보는 주의해서 받아들여야 한다.

재산분할은 부부가 함께 형성한 재산을 청산하고 이혼 후 상대방을 부양하는 기능을 한다. 혼인 파탄에 책임이 있는 배우자의 잘못은 실제 재산분할 재판에서는 중요한 요소로 고려되지는 않는다. 재산분할은 분할할 대상 재산의 범위를 확정하고 분할 비율을 결정한 후에, 구체적으로 어떤 재산을 누가 어떻게 가지느냐를 결정하는 세 단계로 이루어진다.

첫 번째 단계에서부터 치열한 싸움이 벌어진다. 분할 대상 재산은 부부생활을 한 기간 동안 공동으로 형성한 재산으로 한정된다. 그래서 혼인 전부터 일방이 자신 명의로 가지고 있던 고유재산이나, 혼인 중 각자의 부모에게 상속 또는 증여받은 재산과 같은 특유재산特有財産은 포함되지 않는 것이 원칙이다. 하지만 그러한 재산이라 하더라도 부부 중 다른 쪽이 그 재산의 유지에 협력해 감소를 방지했거나 가치를 높이는 데 기여한 것으로 볼 여지가 있다면 실질적으로 공유하는 재산으로 보아 재산분할의 대상으로 편입된다. 자기 이름으로 된 재산을 지키려는 쪽은 해당 재산의 특유성을 강조할 것이고, 상대방은 자신의 노력과 기여가 들어간 공동재산이라면서 분할을 요구할 것이다. 그래서 실제 이혼소송에서는 구체적으로 어떤 경우에 특유재산의 유지나 그 가치 증가에 협력한 것으로 볼 것인가를 두고 첨예하게 대립한다.

남편이 혼인 전에 아버지로부터 빌딩을 한 채 상속받은 부부가 있었다. 남편은 결혼 초기 직장을 다니다 사업을 시작했지만 실패한 이후 별다른 수입이 없었다. 부부생활 20년 동안 생계비는 주로 부인이 월급으로 벌어 온 돈으로 충당했다. 생계비 외에도 빌딩 수리 및 리모델링 비용, 그 빌딩에 설정돼 있던 근저당 채무를 갚는 것까지 대부분 부인이 월급으로 부담했다. 빌딩이 남편의 특유재산인 것은 맞지만 이런 경우 부인의 기여가 없었다면 해당 빌딩을 계속 유지하거나 그 가치를 증가시키지 못했을 것이다. 따라서 이 경우에는 청산이라는 면으로만 보더라도 남편 특유재산에 대한 부인의 직접적인 기여가 인정돼 분할 대상이 되는 것이

마땅하다. 반면 혼인관계 파탄 직전에 상속이 이루어졌다면 상대
방 배우자가 그 재산의 유지나 증가에 기여할 겨를이 별로 없었
을 것이므로 분할 대상에서 제외될 가능성이 크다.

　배우자의 특유재산에 대한 직접적인 기여는 없었지만 부인이
평생 직장 없이 가사노동만 한 경우는 어떻게 봐야 할까? 과거에
는 남편이 밖에서 돈을 벌어 오고 부인이 가사와 양육을 전담하
는 경우가 일반적이었다. 이러한 외벌이 남편과 가사를 전담하
는 부인 모델에서는 재산분할 과정에서 부인이 약자의 처지에 놓
일 가능성이 크다. 남편이 밖에서 벌어 온 돈의 경제적 가치는 쉽
게 측정할 수 있지만 부인이 전담한 가사와 양육의 경제적 가치
는 책정하기가 쉽지 않기 때문이기도 하고, 우리 사회가 오랫동안
가사노동의 경제적 가치를 낮게 평가하고 있기 때문이기도 하다.
그렇지만 혼인 기간이 길고, 나눌 재산이 배우자가 혼인 중 그 부
모로부터 상속한 아파트 하나밖에 없다면 이 경우에도 그 아파트
가 분할 대상이 되지 않는 것이 타당할까? 법원은 이런 경우 부양
적 요소를 고려해 가사노동과 같이 간접적이고 비재산적인 기여
만 있더라도 한쪽의 특유재산을 분할 대상에 편입시키는 것이 보
통이다.

　분할할 재산이 확정되었다면 이제 어떤 비율로 분할할 것인지
정해야 한다. 분할 비율은 개개의 재산에 대한 기여도에 따라 각
각 정해지는 것이 아니고, 재산 전체에 대한 기여도에 따라 하나
로 결정된다. 재산분할의 비율을 정할 때도 재산분할의 청산적 요

소와 부양적 요소, 위자료적 요소라는 세 가지 기준이 작용한다. 일반적으로 동업을 해온 사람이 동업을 청산할 때 각자의 책임과 투자와 노력의 크기에 따라 자산과 부채를 나누는 것처럼 부부가 이혼하면서 함께 이룬 재산을 분할할 때도 마찬가지이다.

이혼으로 인한 재산분할이 동업 관계 청산과 다른 점은 부양적 요소를 고려한다는 것이다. 남편이 외벌이로 경제력을 보유하고 대부분의 재산을 소유했더라도 경제력이 취약한 부인이 이혼 이후에도 이혼 전과 비슷한 생활 수준을 이어갈 수 있도록 배려하는 것이다. 물론 그 반대의 경우도 마찬가지이다. 마지막으로 혼인관계가 파탄에 이르게 한 책임이 있는 배우자에 대한 징벌적 의미를 가진 위자료적 요소를 재산분할에 참작할 것인지에 대해서는 다툼이 있다. 고려할 수 있다고 하는 대법원 판례가 있기는 하지만 일반적으로는 포함되지 않는 것으로 본다. 즉 청산을 목적으로 하는 재산분할과 혼인 파탄의 책임을 의미하는 위자료는 별개로 보아 유책배우자라도 재산분할을 받을 여지는 있다.

정리해 보자면 재산분할 비율의 결정은 공동재산의 형성과 유지에 대한 직접적인 기여를 가장 중요하게 고려하되 혼인생활의 과정과 기간, 각자의 나이와 직업, 경력, 경제력과 소득, 혼인 파탄의 경위, 부부의 나이, 경제적 약자에 대한 배려, 미성년자 양육 여부, 양육비가 잘 지급될 수 있을지, 분할 대상 재산에 명시적으로 포함할 수 없는 유무형의 재산 등이 있는지, 일방 배우자가 재산을 낭비하거나 재산적 손실을 입혔는지, 일방 배우자의 부모나 형제자매가 재산적 도움을 주었는지 등이 모두 감안된다. 이처럼 복잡한 사정들이 모두 고려되기 때문에 분할 비율이 얼마가 될지 단편적, 일률적으로 말할 수는 없는 것이다.

재판 실무에서는 앞에서 언급한 여러 요소를 모두 감안해 부부의 전체 재산을 어느 정도씩 나누어 가지는 것이 적절한지 대략적으로 먼저 가늠한 후 그에 따라 쟁점이 되는 재산의 분할 대상 편입 여부와 분할 비율을 정하기도 한다. 한쪽의 혼인 파탄에 대한 책임이 지나치게 크거나 공동재산 손실에서 책임이 크다는 등의 특별한 사정이 없다면 이혼하더라도 각자가 혼인생활을 할 때와 비슷한 정도의 생활을 할 수 있도록 배려하려는 노력이다. 다만 어느 정도가 있어야 혼인생활을 할 때와 비슷한 경제적 생활과 품위를 유지할 수 있을지에 대한 판단은 사람마다 다를 수 있다.

이처럼 재산분할 재판의 구체적인 결정은 가정법원에 폭넓은 재량이 주어져 있다. 때로는 법관의 세계관이나 가치관에 따라 어떤 방향으로 재량이 작용할지 예측하기 어렵다는 불만도 나온다. 그래서 재산분할의 여러 쟁점에 관해서 법률에서 더 자세하게 명문으로 규정하거나 적어도 보다 명확한 판결 기준을 제시하는 것이 필요하다는 지적이 있다.

요즘 젊은 층에서는 각자 직업을 갖고 수입과 재산도 따로 관리하는 부부가 늘고 있다. 이런 부부는 이혼하더라도 재산분할을 둘러싼 분쟁의 소지가 훨씬 적을 것이다. 처음부터 수입과 재산을 따로 관리하면서 생활비나 관리비 등은 공동계좌에 얼마씩 각출하여 함께 쓰고 부동산도 공동명의로 등기하는데, 이렇게 하면 이혼할 때 재산분할을 위한 기준과 경계가 비교적 명확하기 때문이다.

한발 더 나아가 최근에는 '부부재산계약'에 대해서도 관심이 높아지고 있다. 한국의 부부재산계약과 미국 등 외국에서 시행되는 프리넙prenup; prenuptial agreement은 기능은 비슷하지만 실제로는 차이가 있다. 민법은 부부가 결혼하기 전 각자의 재산에 관해 따로 약정을 맺을 수 있도록 하고 있다. 부부가 혼인 전 재산에 관해 합의해 등기를 해두면 원칙적으로 혼인 중에는 변경할 수 없다. 주로 재력가에서 자녀를 결혼시키거나 본인이 재혼할 때 상대방과 이런 약정을 맺는 것에 관해 문의하곤 한다. 그런데 이혼할 때 재산분할의 관점에서 보면 우리나라의 부부재산계약은 그다지 효과적이지 않다. 부부재산계약은 혼인 중에만 효력을 인정받기 때문이다. 부부재산계약으로 재산을 각자 소유·관리하기로 약정했더라도 이혼 재산분할 과정에서 한쪽 배우자가 상대방 재산의 유지, 보수, 가치 증가에 기여했음을 주장하면 이와 같은 재산분할에 대한 논의가 똑같이 적용된다.

또한 우리나라에서는 부부가 결혼 중이나 이혼 직전에 재산분할에 대해 약정을 맺었더라도 한쪽이 부인하면 법원이 인정하지 않는다. 이혼 전 강압에 의해 재산분할 약정이 체결되는 부작용을 막기 위해서이다. 과거에는 부인이 남편의 폭력과 강압에 시달리

다 못해 재산에 대한 모든 권리를 포기하고 빈손으로 집을 나가
겠다고 약속하는 문서에 도장을 찍는 경우가 있었는데, 물론 이런
약속은 인정받을 수 없다.

국민연금과 재산분할, 알아야 받을 수 있다

이혼에 따른 재산분할과 관련해 근래 분할연금 수급권에 대한 관심이 높아지고 있다. 이혼할 때 연금이 재산분할의 대상이 된 것은 그리 오래된 일이 아니다. 법원이 판례를 통해 인정하기 시작한 후 각종 연금법이 정비됨으로써, 이혼한 배우자의 연금을 분할해 공단으로부터 직접 받을 수 있는 길이 열리게 됐다.

하지만 그 내용을 정확히 알고 있지 않으면 자신의 권리를 찾지 못할 수 있다. 각종 연금법에서 정하는 분할연금 수급권의 발생 요건이 각각 다를 뿐 아니라 그 조건이 구체적으로 어떻게 적용되는지, 이혼 재판에서 재산분할과의 관계는 어떻게 되는지 등 알기 어려운 내용이 있기 때문이다. 먼저 이혼 배우자의 분할연금 수급권에 대해 각종 연금법에서 어떻게 정하고 있는지 알아보자.

국민연금법이 정하는 노령연금은 5년 이상 혼인 기간을 지속했다가 이혼한 배우자가 수급권자이며 자신이 60세가 되었다면, 배우자였던 사람의 노령연금액 중에서 혼인 기간에 해당하는 연금액을 균등하게 나눈 금액을 분할해 받을 수 있다. 분할연금 지급 신청은 이와 같은 조건을 모두 갖춘 때로부터 5년 이내에 청구해야 한다. 노령연금을 받을 수 있는 60세가 되기 전에 이혼했다면 이혼의 효력이 발생하는 때부터 3년 이내에 분할연금을 미리 청구해 둘 수 있다. 하지만 실제로 지급받는 시기는 이와 같은 조건이 모두 충족한 때 이후가 된다.

공무원연금법과 사립학교교직원연금법이 정하는 퇴직연금 또는 조기퇴직연금의 경우도 국민연금법이 정하는 노령연금과 유사하다. 하지만 이혼한 배우자와의 혼인 기간 5년이 '배우자가 공무원 또는 교직원으로 재직한 기간 중의 혼인 기간'이어야 하고, 수급 연령은 65세, 청구 기한은 3년 이내이며 퇴직연금을 받지 않고 일시금을 청구하는 경우에도 분할연금 청구권을 인정한다. 군인연금법이 정하는 퇴역연금은 공무원연금과 거의 유사하지만 연금 수급 요건을 갖추고 퇴역한 때부터 지급되고 분할연금을 청구할 수 있는 본인의 연령에 제한이 없으며 청구 기한은 5년 이내이다.

각종 연금법이 정한 '배우자'에는 사실혼 관계에 있는 배우자가 포함되지만, '배우자와의 혼인 기간'은 별거나 가출 등의 사유로 실질적인 혼인관계가 존재하지 않았던 기간은 제외한다. 또한 동일한 배우자와 재혼한 경우에는 전혼 기간이 분할연금 제도 시행 이전이라도 배우자와의 혼인 기간 5년을 계산할 때 합산해 준다.

다만 분할연금은 연금 수급자와 이혼한 시기가 그 제도를 도입한 각 연금법의 최초 시행일[4] 이후인 경우에만 받을 수 있다.

분할 비율은 연금 수급권자인 상대방 배우자의 연금 가입 기간 중 혼인 기간에 해당하는 연금액을 균등한 비율로 나누는 것을 원칙으로 한다. 그러나 협의상 또는 재판상 이혼에 따른 재산분할 절차에서 이혼 당사자 사이에 연금의 분할 비율을 달리 정하기로 하는 합의가 있었거나 법원이 이를 달리 결정하면 그 비율에 따르게 된다.

사례를 통해 주의할 것이 없는지 확인해 보자. A 씨(1965년생, 남자)는 1997년 B 씨(1968년생, 여자)와 결혼해 자녀 하나를 두었다. A 씨와 B 씨는 2016년 혼인관계가 파탄 나 서로에 대해 이혼, 위자료 및 재산분할 등을 청구하는 소송을 제기했다. 두 사람은 이혼 재판 진행 중인 2017년 서로 이혼하고 재산분할로 A 씨가 아파트 소유권을 이전받는 대신 B 씨에게 정산금 2억 원가량과 자녀에 대한 양육비를 지급하기로 합의했다. 조정이 성립되고 작성된 조정조서에는 "A와 B는 해당 조정조서에서 정한 사항 이외에는 향후 서로에 대해 이 사건 이혼과 관련된 위자료와 재산분할을 청구하지 아니한다"라는 내용의 조항이 있었다.

그런데 재판이 끝난 후 B 씨가 국민연금공단에 A 씨의 노령연금 중 반을 자신에게 지급해 달라고 했다. A 씨는 자신의 국민연

[4] 국민연금법의 경우 1999년 1월 1일, 공무원연금법 및 사립학교교직원연금법은 2016년 1월 1일, 군인연금법은 2020년 6월 11일.

금이 이혼 재판 과정에서 재산분할 대상이 아니었고 B 씨가 조정조서에 정해진 것 외에는 더 이상 청구하지 않기로 함으로써 자신의 분할연금 수급권을 포기했다고 주장했다.

대법원은 이와 같은 내용의 조정조서가 작성되었다고 하더라도 B 씨가 분할연금 수급권을 포기하거나 자신에게 불리한 분할 비율을 설정하는 데 동의한 것으로 볼 수 없기 때문에 여전히 균등한 비율의 분할연금 수급권을 가진다고 판단했다. 분할연금 수급권은 국민연금법에 의해 특별히 인정된 이혼 배우자의 고유한 권리로서 민법이 정하는 이혼에 따른 재산분할청구권과는 구별되는 권리라는 이유에서이다. 즉 이혼 배우자의 분할연금 수급권은 연금 형성에 대한 청산과 분재分財라는 재산분할적인 면 외에 가사노동 등으로 직업을 갖지 못해 국민연금에 가입하지 못한 배우자에게도 일정 수준의 노후 소득을 보장하는 사회보장적인 성격도 가진다는 것이다.

이와 같은 판결 이후 법원에서의 재판서나 조정조서에 연금의 분할에 대해 별도로 명확하게 정하고 표시하는 관행이 생겼다. 부부 사이 협의로 재산분할을 하더라도 나중에 불필요한 오해나 분쟁을 방지하려면 '서로의 연금에 대해서는 향후 일체 권리를 주장하지 않는다'라거나 '각자의 연금에 대해서는 각종 연금법에서 정하는 바에 따라 분할연금을 수급한다'라고 정해두는 것이 좋다.

위장 이혼과 재산분할, 그리고 세금

A 씨(1950년생, 여자)는 B 씨(1948년생, 남자)와 혼인신고를 하고 약 30년간 혼인생활을 했다. 혼인 당시 B 씨에게는 전처와의 사이에서 낳은 5명의 자녀가 있었고, A 씨와 B 씨 사이에는 자녀가 없었다. A 씨는 장차 예상되는 전처 자녀들과의 상속재산 분쟁을 피하고자 당시 만 62세인 B 씨를 상대로 이혼 및 재산분할청구소송을 제기했다. 그 소송에서 "A와 B는 이혼하되, B가 A에게 재산분할로 현금 10억 원을 지급한다"라는 등의 내용으로 조정이 성립되었고 그에 따라 현금 지급 등이 모두 이루어졌다. A 씨는 이혼 후에도 B 씨가 사망할 때까지 수발을 들고 재산을 관리하면서 B 씨와 함께 종전과 같은 주소지에서 동거했다. B 씨는 이혼한 지 약 7개월 후 예전부터 앓고 있던 암으로 사망했다.

과세 관청은 A 씨와 B 씨의 이혼이 외형만을 갖춘 위장 이혼이므로 무효이고 재산을 이전한 것은 명목상 재산분할일지라도 실제로는 증여에 해당한다는 이유로 A 씨에게 증여세를 부과했다. 이에 A 씨는 그 과세 처분이 위법하다고 하며 취소해 줄 것을 청구했다. A 씨의 청구는 받아들여질 수 있을까?

우선 A 씨와 B 씨의 이혼에는 문제가 없을까? 무언가 다른 목적을 가지고 부부관계를 서류상으로 정리하되 실제로는 계속 함께 살 생각으로 이혼하는 것이 효력이 있을까?

사례의 경우 이혼 여부나 조건에 대해 다툼이 있을 때 하는 '재판상 이혼' 과정을 거쳤지만 결국 합의가 이루어져 조정으로 끝났다. 따라서 이혼 여부나 조건을 부부가 합의하여 정하는 '협의상 이혼'과 다름이 없다. 협의상 이혼에 필요한 부부 쌍방의 이혼 의사에는 다음의 두 가지가 있을 수 있다. 첫 번째는 이혼신고를 함으로써 가족관계등록부를 형식적으로 정리하고 법률상 배우자라는 관계를 끝내려는 생각이고, 두 번째는 등록부 정리에서 더 나아가 실제로 혼인생활의 실체를 해소하겠다는 생각, 즉 동거, 부양, 충실의무를 부담하는 정서적, 경제적 공동생활을 해체하는 것까지 하겠다는 의사이다.

협의상 이혼에 필요한 이혼 의사에 대해 우리 법원은 첫 번째 생각만으로 충분하다고 본다. 즉 이혼신고를 함으로써 법률상 부부관계를 끝내고자 하는 합의가 있다면 그 이혼에 다른 목적이 있더라도 특별한 사정이 없는 한 이혼의 효력은 인정된다는 것이다.

A 씨와 B 씨의 이혼에 대해서도 대법원은 무효인 가장 이혼이

라고 볼 수 없다고 판단했다. 장차 B 씨가 사망했을 때 발생할 수 있는 상속재산 분쟁을 피하기 위해 A 씨와 B 씨가 서로 미리 의견을 조율했고, B 씨의 사망이 임박한 시점에 이혼했으며, 이혼 후에도 A 씨가 B 씨와 동거하면서 사실혼 관계를 유지하는 등 의심스러운 사정이 많지만 형식적으로 혼인관계를 끝내고자 하는 의사가 있었던 것은 사실이기 때문이라는 것이다.

최근에는 다주택 소유자를 중심으로 종합부동산세 등 세금 폭탄을 피하기 위해 부부 사이의 이혼을 고려하는 경우가 늘고 있다고 한다. 보유세인 종합부동산세는 물론이고 양도소득세와 취득세까지 모두 증세됨에 따라 세금을 더 내느니 자식과 배우자에게 증여하겠다는 것이다. 그중에서도 배우자에 대한 증여는 이혼에 따른 재산분할을 선택함으로써 절세 효과를 누리려는 의도이다.

법률상 혼인관계를 유지하고 있는 부부 중 한쪽이 다른 쪽 배우자에게 재산을 무상으로 이전할 경우 배우자공제가 일부 있기는 하지만 원칙적으로 증여세가 부과된다. 그러면 부부가 이혼하면서 재산분할 또는 위자료로 이전한 재산에 대해서는 증여세와 같은 세금이 부과되지 않을까?

이혼에 따른 재산분할은 부부가 혼인 중에 취득한 실질적인 공동재산을 청산·분배하는 것으로서 재산의 무상 이전, 즉 증여로 볼 수 없기 때문에 원칙적으로 증여세가 부과되지 않는다고 본다. 참고로 이혼에 따른 위자료에도 증여세는 부과되지 않고, 양도소

득세 역시 재산분할이나 위자료 두 경우 모두 부과되지 않는 것
이 원칙이다. 다만 위자료의 경우 원래 지급하기로 되어 있던 금
전 대신에 부동산으로 대물변제를 한 경우에는 양도소득세가 부
과될 수 있다.

그렇다면 장차 있을 상속 분쟁을 피하기 위해 이혼한 A 씨와
B 씨의 경우나 최근 세금을 아끼려고 이혼하는 다주택자들의 경
우에도 증여세가 부과되지 않을까?

이혼을 했더라도 그 이혼이 가장 이혼에 해당하여 무효라면 재
산분할 명목으로 이전한 재산에 대해 증여세 등이 부과된다. 또한
이혼 자체가 무효로 판단되지는 않더라도 그 재산분할이 적정하
다고 할 수 없을 정도로 크고 상속세나 증여세와 같은 조세를 회
피하기 위한 수단이라고 판단되면 적정한 부분을 초과하는 부분
에 대해 증여세 과세 대상이 될 수 있다는 것이 법원의 태도이다.

그러나 이 사례에 대해 법원은 가장 이혼에 해당하지 않아서 유
효할 뿐만 아니라, 두 사람 사이의 재산분할이 적정한 정도를 넘
거나 세금을 회피하기 위한 것으로 보기 어렵다고 판단했다.

사례의 결론만 생각하면 세금을 회피하기 위해 이혼을 수단으
로 삼는 것이 가능해 보이기도 한다. 하지만 아무리 눈앞의 이득
이 중요하고 가족과 부부의 의미가 예전과 같지 않다고 해도 섣
불리 위장 이혼을 택해서는 안 되는 이유가 있다. 두 사람 사이의
이혼이 법률적으로 무효로 판단되지 않더라도 재산분할이 과다
한 경우에는 과세가 될 수 있다. 더 큰 문제는 절세를 위해 서류상

으로만 이혼을 해두자는 배우자의 제안을 의심 없이 받아들였나가 재산만 넘기고 진짜 이혼을 당한 사람이 적지 않기 때문이다. 채권자의 강제집행을 면하기 위해서나 영주권 취득 또는 자녀의 대학 입시전형에 활용하기 위해서 이루어지는 위장 이혼의 경우에서도 충분히 일어날 수 있는 일이다.

이혼소송 중에 배우자가 사망했다면?

A 씨(1984년생, 남자)와 B 씨(1986년생, 여자)는 2013년에 혼인신고를 했는데 결혼생활을 시작할 무렵부터 성격 차이 등을 이유로 불화가 계속되었다. 결국 4년여 만에 두 사람의 결혼은 자녀 없이 파경에 이르렀고, 이혼소송 결과 2017년 12월경 A 씨와 B 씨의 이혼을 선고하는 1심 판결이 내려졌다. 그런데 그 판결이 확정되기 1주일 전에 A 씨가 불의의 사고로 갑자기 사망했다. 결국 판결에 대해 항소가 제기되지 않은 채 항소기간이 지나가게 되었다.

A 씨의 어머니는 2018년 4월경 구청에서 A 씨와 B 씨의 이혼 판결이 확정되었다고 하면서 이를 근거로 이혼신고를 신청했는데, 구청 담당 직원은 A 씨가 사망해 가족관계등록부[5]가 폐쇄되었다는 이유로 신고를 수리해 주지 않았다.

A 씨의 어머니는 가족관계등록에 관한 사무를 담당하는 구청 직원의 이러한 처분이 부당하다면서, 이혼신고를 수리해 줄 것을

가정법원에 청구했다. A 씨 어머니의 청구는 받아들여졌을까?

　A 씨 부모의 입장에서는 아들의 생전 뜻이 B 씨와 이혼하는 것이었고, 그러한 내용의 1심 판결이 선고되었으므로 사망한 아들과 이혼소송 중이었던 며느리에게 좋은 감정이 있을 리 없었을 것이다. 그래서 호적 정리라도 제대로 해두려는 것이 일차적인 목적이었던 것으로 보인다. 한편으로는 이혼신고가 받아들여지지 않아 A 씨와 B 씨가 여전히 가족관계등록부상 부부로 기재되어 있는 것을 이용해 B 씨가 A 씨의 상속재산에 대해 상속권을 주장하는 것도 막고 싶었을 수 있다.

　먼저 사망한 A 씨와 B 씨 사이의 이혼신고가 받아들여질 수 있을지 확인해 보자. 만일 재판상 이혼을 청구할 수 있는 권리가 상속된다면, 이혼소송 중에 부부 중 한쪽이 사망한다고 하더라도 사망한 사람의 자녀나 부모가 이혼청구권을 상속한 뒤 상속인의 이름으로 소송 절차를 계속 진행할 수 있을 것이다. 그런데 이혼청구권은 부부라는 신분관계를 결정하는 권리여서 부부가 아닌 다른 사람이 대신 행사하거나 상속할 수 없다. 결국 상속인은 그 소송을 이어갈 수 없고 소송은 즉시 종료된다. 이혼이 성립되지 않

---

5 국민의 출생, 혼인, 사망과 같은 가족 관계의 발생과 변동 사항을 개인별로 모아둔 장부(전산 자료)를 의미한다. 예전에는 가家 단위로 호주, 혼인관계나 먼 친척의 인적 사항 등도 모두 표시된 '호적戸籍'이 같은 역할을 했지만 2008년 이후 폐지되었다. 가족관계에 대한 증명서는 사항별로, 가족관계증명서, 기본증명서, 혼인관계증명서, 입양관계증명서 등으로 세분해서 발급된다. 예컨대 가족관계증명서는 본인을 중심으로 부모와 배우자, 자녀의 인적 사항[성명, 주민등록번호, 출생연월일, 성별, 본本]이 기재되고 기본증명서에는 본인의 출생, 개명, 친권, 후견, 국적에 관한 사항만 표시된다. 가족관계등록부는 본인이 사망하거나 국적을 이탈한 경우 등에는 폐쇄된다.

은 이상 이혼이 성립될 것을 전제로 발생하는 재산분할청구권도 A 씨의 상속인과 B 씨 사이에 서로 행사할 수 없다.

사례의 경우는 A 씨와 B 씨가 이혼하는 것을 내용으로 하는 1심 판결이 이미 선고되었고, 사망 후이긴 하지만 항소기간이 지나 판결이 확정되었기 때문에 달리 볼 수 있는 것은 아닐까? 그러나 법원은 이혼청구권은 상속되지 않기 때문에 A 씨의 사망과 동시에 이혼소송은 당연히 즉시 종료되는 것으로 보았다. 즉 이혼 판결은 확정된 때로부터 그 이후로만 효력이 있어서 A 씨의 사망 시점을 기준으로 확정되지 않은 1심 이혼 판결만으로는 이혼의 효력이 생기지 않는다는 것이다. 결과적으로 A 씨에 대한 이혼신고는 수리될 수 없다.

반면에 이혼신고가 완료되지 않아 부부관계가 해소되지 않은 이상, B 씨는 사망한 A 씨의 재산에 대해 상속권을 주장할 수 있다. 혼인이 파탄되어 서로 부부의 연을 끊고자 하는 소송이 계속되고 있는 마당에 사망한 상대방 재산에 대해 상속권을 인정하는 것이 일반적인 법감정으로는 받아들이기 어려울 수 있다. 그러나 상속권은 법률적인 관계, 즉 부부관계나 일정한 범위의 혈연관계가 있으면 당연히 인정되는 것으로 피상속인과 상속인 사이의 친밀도나 기여도, 개개인의 주관적 의사에 영향을 받지 않는다. 앞서 살펴본 것처럼 현재로서는 아무리 부모에게 불효한 자식도 법률에서 정하는 상속결격 사유가 있지 않은 한 부모에 대한 상속권을 잃지 않는다. 간혹 영화에서 나오는 것처럼 생전에 피상속인을 단한 번도 만나본 적이 없고 심지어 그런 사람이 있는지조차 모르는 친척이라도 자신보다 앞선 순위의 상속인이 없다면 상속권을 갖는다. 반면에 수십 년간 부부로서 사랑하면서 서로에게 충실한 결혼생활을 했다 하더라도 법률에 따른 혼인신고를 하지 않았다면 그러한 사실혼 배우자에게는 상속권이 없다.

황혼의 사실혼, 보호받을 수 있을까?

사실혼事實婚은 남녀가 사실상 부부로서 실질적으로는 부부공동생활을 하고 있으면서 단지 혼인신고를 하지 않은 부부관계를 말한다. 혼인신고를 하지 않는 이유는 경제적인 문제나 부모님의 반대 또는 바쁜 일상 때문만은 아니다. 자유로운 성적 결합만을 추구하거나 법적으로 얽매이기 싫어하는 젊은 부부들도 있고, 실패를 반복할까 혼인신고를 두려워하는 재혼 부부도 있다. 각자 어느 정도 재산을 가지고 있는 고령의 경우에는 자식들의 반대나 향후 상속 등 재산 문제가 복잡해질 것을 우려해 혼인신고를 꺼리기도 한다.

법원은 주관적으로 두 사람 사이에 혼인하겠다는 생각이 합치하고, 객관적으로 사회 통념상 부부공동생활로 볼 만한 실체가 있어야만 사실혼으로 인정한다. 혼인 의사 없이 경제적 지원을 조건으로 정교 관계를 유지하는 첩 관계나 이른바 스폰서 관계 또는 단기간의 동거나 간헐적인 정교 관계만으로는 사실혼으로 인정하지 않는다.

그러면 구체적으로 어떤 경우에 사실혼으로 인정될까? 결혼식을 올리거나 결혼사진을 찍고 신혼여행을 다녀왔다는 사실은 서로 혼인 의사가 있다는 유력한 증거가 될 수 있다. 하지만 그것만으로 되는 것은 아니다. 오랫동안 동거도 했다면 어떨까? 상당한 기간의 동거 역시 사실혼의 유력한 증표이기는 하다. 그러나 사실혼으로 인정받으려면 혼인의 의사와 부부공동생활의 실체 모두가 필요하다. 부부공동생활은 육체적, 장소적 결합과 시간적 지속성만으로 인정되는 것이 아니다. 부부로서의 심리적 애착 관계와 정서적 공감대가 있었어야 함은 물론이고 경제적, 사회적, 생활환경적으로 부부공동체로 지낸 모습이 확인되어야 한다. 동거 기간이 오랫동안 계속되었는지, 평소 서로를 부부로 호칭하고 이웃들로부터 부부로 여겨졌는지, 상대방의 전혼 자녀들과 함께 생활했는지, 상대방의 자녀들로부터 아버지 또는 어머니라고 불렸는지, 상대방의 손자녀들로부터 할아버지 또는 할머니로 여겨졌는지, 가족 모임이나 동창 모임, 친목 모임 등에 배우자의 자격으로 참석했는지, 상대방의 제사나 성묘에 참석했는지, 생활비를 공동으로 부담했는지, 동거 기간 공동의 노력으로 형성한 공동재산이 있거나 서로에게 증여한 재산이 있는지, 상대방이 아플 때나 병원에 있을 때 보통의 배우자에게 기대되는 정도의 간병을 했는지, 결혼사진이나 전혼 자녀들과 함께 찍은 가족사진이 있는지, 결혼식을 하고 신혼여행을 다녀왔는지 등이 혼인관계의 실체와 사실혼 인정을 가늠하는 요소이다. 법원은 이러한 혼인관계의 실체가 있으면 대체로 혼인 의사도 있다고 추정하는 경향이 있다.

반대로 사실상 혼인의 실체를 갖추고 있더라도 사회적으로 용납되지 않는 경우에는 사실혼으로 보호받지 못한다. 만 18세가 되지 않은 미성년자의 사실혼이나 법률상 허용되지 않는 근친近親 사이의 사실혼, 중혼적重婚的 사실혼 등이 여기에 해당한다. 중혼적 사실혼은 법률혼, 즉 혼인신고를 마친 결혼관계의 배우자가 있음에도 불구하고 다른 배우자와 사실혼을 하는 경우를 말한다.

사실혼으로 인정받을 수 있는지 아닌지가 중요한 이유는 우리 법제가 사실혼을 법률혼과 비슷한 정도로 보호하고 있기 때문이다. 사실혼 관계에 있는 부부는 정상적인 혼인공동체를 이루고 있다는 점에서 법률혼 부부와 기능적으로 거의 차이가 없고, 사실혼 부부 가운데 상대적으로 약한 쪽을 보호할 필요도 있다.

실질적인 공동생활을 전제로 하는 부부 사이의 권리와 의무 관계는 사실혼 부부에게도 적용된다. 즉 사실혼 부부 사이에도 동거, 부양, 협조, 정조의무가 있기 때문에 정당한 이유 없이 한쪽이 이러한 의무를 저버리면 사실혼 파기의 원인이 될 뿐만 아니라 그로 인한 재산적, 정신적 손해를 상대방에게 배상해야 한다. 또 사실혼 부부 사이에도 일상생활에 대한 사항은 서로 상대방을 대리할 권한이 있고, 각자의 명의로 된 재산은 각자 소유하고 관리하며, 누구에게 속하는지 불분명한 재산은 공동으로 소유하는 것으로 추정한다. 공동생활에 필요한 비용도 함께 부담하는 것이 원칙이다. 사실혼이 해소되는 경우 사실혼 기간 동안 서로 협력해서 공동으로 이룬 재산에 대해서는 상대방에게 분할을 청구할 수 있다. 또한 사실혼 배우자가 사망한 경우 일정한 조건하에 임대차보증금을 승계할 수 있다. 앞서 본 것과 같이 공무원연금, 국민연금, 군인연금, 재해보상금 등에 있어 사실혼 배우자도 유족 범위에 포함된다.

그러나 혼인신고를 전제로 하는 사항들에 대해서는 효력이 없다. 사실혼 부부는 상대방 가족과의 사이에서 친족관계가 생기지 않고, 가족관계등록부에도 기재되지 않으며, 어느 한쪽이 사망했을 때 다른 쪽에게 상속권도 인정되지 않는다. 다만 사실혼 배우자가 사망했을 때 상속인이 아무도 없다면 잔존 배우자는 사망한 사람과 생계를 같이하거나 요양이나 간호를 한 특별연고자임을 주장하여 상속재산을 나누어 달라고 법원에 청구할 수 있다.

사실혼과 관련된 사례를 확인해 보자. A 씨(1955년생, 남자)는 2005년경 전처와 이혼하고 홀로 살다가 2008년경 동네 노래 교실에서 B 씨(1953년생, 여자)를 만났다. B 씨는 남편이 부동산 관련 사업을 하다가 2003년경 사망했는데, 남편으로부터 서울 성동구 성수동에 있는 시가 70억 원 상당의 건물과 30억여 원의 금융재산 등을 상속받아 경제적으로 안정된 생활을 하고 있었다.

서로 배우자 없이 지낸 기간이 길었고 각각의 자녀들이 모두 장성하여 독립했기 때문에 두 사람은 함께 노래를 배우러 다니면서 급속히 가까워졌다. 2009년경부터는 A 씨가 B 씨의 건물에서 지내는 날이 많아졌다. 두 사람은 함께 등산과 여행을 다녔으며, 종종 성관계도 가졌다. 은퇴 후 뚜렷한 직업이나 마땅한 재산이 없던 A 씨는 B 씨 소유 건물의 리모델링 공사, 보안, 청소 및 주차 직원 관리, 소득세 신고 등 B 씨 재산을 관리하는 역할을 했고, 그 대가로 간혹 30~50만 원 정도의 용돈을 받아서 썼다. B 씨는 자기 건물과 관련해 주차장법 위반으로 경찰조사를 받기도 했는데, 경찰서에서 A 씨를 자신의 남편이자 건물 관리인이라고 진술하기도 했다. B 씨의 노모도 A 씨를 "A 서방"이라고 부르는 등 친근하게 지냈다. 그러던 중 A 씨가 초등학교 여자 동창과 만나는 문제로 두 사람은 자주 다투게 되었고 결국 2018년경 A 씨가 B 씨의 집에서 나가게 되었다. 이후 A 씨가 왕래하며 화해를 모색했으나 음주 상태에서 난동을 부린 일로 완전히 헤어지게 되었다.

A 씨는 B 씨와 10년 가까이 사실혼 관계를 유지하면서 B 씨의 건물을 관리해 주고 세금을 줄여주는 등 부부공동재산의 가치를 유지 또는 증가하게 했으므로 재산분할로 성수동 건물의 2분의 1을 달라는 청구를 했다. 이에 대해 B 씨는 A 씨와 연인 관계였던 것은 맞지만 동거한 적도 없고 자녀들을 생각해서 재혼할 생각도 없었기 때문에 사실혼 관계가 아니었다고 주장했다. 또한 설사 동거한 일이 있었다고 하더라도 B 씨 명의로 된 재산은 모두 동거 전부터 전남편에게 상속받은 자신의 특유재산으로서 A 씨가 재산 형성과 유지에 기여한 것이 조금도 없다고 했다.

법원은 A 씨와 B 씨가 연인 사이로 지낸 것이 10여 년가량 되고

A씨가 B씨의 건물에 일정 기간 함께 지내면서 B씨의 재산을 관리해 준 사정은 있지만 그것만으로는 두 사람 사이에 혼인관계의 실체가 있다고 볼 수 없어서 사실혼으로 보호받을 수 없다고 판단했다.

사례의 경우는 부부생활의 실체가 없어 사실혼으로 인정받지 못했다. 하지만 요즘 황혼의 사실혼으로 볼 수 있는 관계는 점점 늘고 있다. 고령화가 심화되면서 홀로 남은 노령의 인구가 많아진 것이 첫째 이유이다. 기존 가족과의 관계나 재산, 상속 문제 등 이런저런 이유로 혼인신고는 하지 않지만 남은 인생길을 함께 걸어가고 싶어 하는 사람들이 늘어났기 때문이기도 하다. 사회적 변화를 고려해 사실혼에 대한 보호가 더 강화돼야 한다는 주장도 있다. 사실혼 배우자가 갑자기 사망하면 홀로 남겨진 배우자는 노후의 생활을 전혀 보호받지 못하게 되므로 이때 재산분할청구권이나 상속권을 인정해야 한다는 것이다.

이젠 가족, 끝까지 가족

개념 정리하기

협의상 이혼

부부 양쪽 모두 이혼 의사가 있고 친권자와 양육권자 결정·양육비 부담과 같은 문제에 대해 원만하게 합의가 되는 경우, 가정법원 판사 앞에서 협의상 이혼의사 확인을 받는 방법으로 이루어진다.

절차

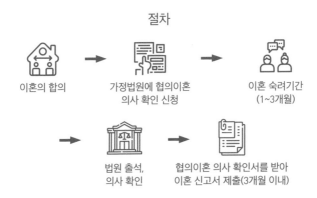

이혼의 합의 → 가정법원에 협의이혼 의사 확인 신청 → 이혼 숙려기간 (1~3개월)

→ 법원 출석, 의사 확인 → 협의이혼 의사 확인서를 받아 이혼 신고서 제출(3개월 이내)

재판상 이혼

부부의 이혼 의사나 친권자 지정·재산분할 등에 대한 의견이 일치하지 않을 때는 재판상 이혼을 해야 한다. 가정법원에 재판을 청구해야 하고 법원의 판결을 통해 이루어진다.

- 혼인 파탄에 책임이 있는 유책배우자는 원칙적으로 이혼을 청구할 수 없다.

- 법이 정하는 재판상 이혼 사유
  - 배우자가 부정한 행위를 했을 때
  - 배우자가 악의로 다른 일방을 유기한 경우
  - 배우자의 생사가 3년 이상 분명하지 않은 경우
  - 배우자 또는 배우자의 직계존속으로부터 부당한 대우를 받은 때
  - 직계존속이 배우자로부터 부당한 대우를 받은 경우
  - 기타 혼인을 계속하기 어려운 중대한 사유가 있는 경우

재산분할의 3단계

| 분할할 대상 재산의 범위 확정 | → | 분할 비율 결정 | → | 구체적 분할 재산 결정 |

분할 대상 재산

- 부부생활을 한 기간 함께 공동으로 형성한 재산으로 한정되는 것이 원칙이다. 다만 혼인 전부터 가지고 있던 고유재산, 혼인 중 상속 증여 등을 통해 얻은 특유재산도 경우에 따라 포함될 수 있다.

재산분할 비율 결정의 요소

이혼 시 재산분할의 비율은 아래의 사정들을 참작하고 청산적 요소, 부양적 요소, 위자료적 요소를 모두 고려해서 정해진다. 따라서 분할 비율은 일률적이고 단편적으로 예측하기 힘들다.

- 혼인생활의 기간
- 혼인 파탄의 경위
- 경제적 약자에 대한 배려
- 부부의 전체 재산 규모
- 각자의 나이와 직업, 경제력과 소득
- 미성년자 양육 여부
- 특유재산의 분할 대상 편입 여부

사실혼

- 혼인신고만 하지 않았을 뿐, 두 사람 사이에 혼인의 의사와 부부공동생활의 실체가 모두 있는 경우에만 사실혼으로 인정된다.

- 혼인 의사 없이 경제적 지원을 조건으로 정교 관계를 유지하는 첩 관계나 이른바 스폰서 관계 또는 혼인의 실체를 갖추고 있더라도 사회적으로 용납되지 않는 미성년자의 사실혼, 중혼적 사실혼은 보호받지 못한다.

- 결혼식과 신혼여행 유무, 상대방 및 상대방의 전혼 가족으로부터의 호칭, 이웃과 친구들의 평가, 가족 모임이나 동창 모임에 배우자의 자격으로 참석했는지 여부, 상대방의 제사나 성묘에의 참석 여부, 공동형성 재산이나 증여 재산 존재 여부 등을 종합해 사실혼 인정 여부가 결정된다.

- 사실혼 부부에게는 부부 사이의 권리와 의무 관계가 적용되어 일상가사대리권이나 동거, 부양, 정조의무가 있다. 각종 연금법 상의 배우자로 인정받아 연금수급권이 있으며, 사실혼 해소 시 재산분할 청구권이 인정된다. 혼인신고를 전제로 하는 사항, 예컨대 상속권은 인정되지 않는다.

아직은 가족, 끝까지 가족

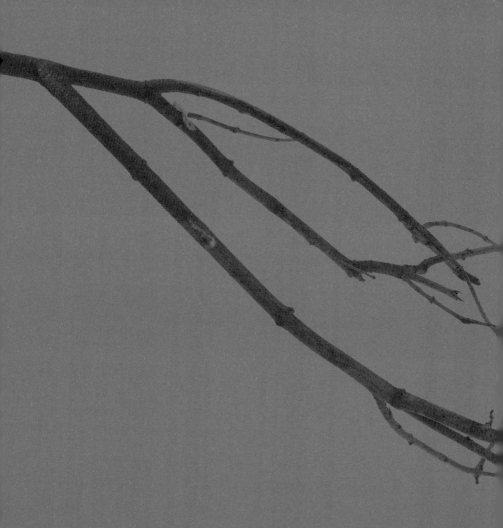

상실의 계절
—성년후견

4

성년후견제도란?

19세[1]에 이르기 전의 사람을 미성년자未成年者라고 한다. 미성년자도 부동산을 소유하거나 자신의 이름으로 예금할 수 있는 권리를 가진다. 그러나 원칙적으로 혼자서는 법률적으로 완전히 유효한 행위를 할 수 없다. 부모의 사전 동의나 허락을 받지 않은 법률행위는 취소될 수 있다. 그래서 부모가 법정대리인으로서 대신 법률행위를 해야 한다. 부모가 없으면 미성년후견인이 부모의 역할을 대신하게 된다. 과거에는 20세가 되어야 성년成年이 되었지만 2013년 7월부터는 19세가 되면 성년이 된다. 성년자가 된다는 것

---

1 우리나라에는 다양한 나이 계산법이 있어서 혼란이나 불편이 있었고, 때로는 그 문제로 다툼이 생기기도 했다. 태어나면서 바로 한 살이 되어 해가 바뀔 때마다 한 살씩 더하는 '세는나이', 현재 연도에서 태어난 연도를 빼서 계산하는 '연年 나이'가 있었다. 태어난 날을 기준으로 첫 생일까지는 개월 수로 표시하고, 첫 생일에 비로소 한 살이 되며 그 이후로 생일이 지나야 한 살씩 더하는 '만滿 나이'도 있었다. 그러나 2023년 6월부터는 모든 법적, 사회적 나이가 '만 나이'로 통일되었다. 여기에서의 19세도 '만 19세를 의미한다.

은 개인적으로, 사회적으로 여러 의미를 부여할 수 있겠지만, 법률적으로는 혼자서도 어떤 법률행위를 완전히 유효하게 할 수 있고 그 행위의 결과에 책임을 진다는 것을 의미한다. 이는 개인들 사이의 법률관계를 정하는 민사상의 문제이지 어떤 범죄로 처벌될 수 있는 나이를 의미하는 형사미성년자나 근래 여러 논의가 있는 소년범죄, 촉법소년[2]의 문제는 아니다.

그런데 성년이 되었음에도 여러 이유로 인해 스스로 어떤 행위를 할 수 없거나 하기 힘든 경우가 있다. 사고나 질병으로 신체가 모두 마비되어 글을 쓰거나 도장을 찍을 수 없을 수도 있고, 치매나 뇌병변과 같은 인지장애로 사리 분별을 못 해 특정 행위나 거래의 의미를 제대로 이해하지 못하기도 한다. 신체적인 장애 때문에 직접 어떤 행위를 하지 못할 때는 자신의 의도대로 누군가 대신 해줄 사람에게 부탁할 수 있다. 그런데 인지능력에 문제가 있는 경우에는 어떤 생각을 가지고 어떤 행위를 하고 싶은지, 어떤 결과가 일어날지 스스로 잘 모르는 경우가 많다.

성년후견제도는 장애, 질병, 노령 등에 의한 정신적 장애로 인해 혼자서는 자신의 사무를 처리할 능력이 없거나 부족한 사람을 위해 마련된 제도이다. 인지능력에 문제가 있더라도 존엄한 인격체로서 자기 뜻에 따라 삶을 결정하고 영위할 수 있도록 지원하

---

2 14세 미만이 범죄를 저지른 경우에는 형법에서 정하는 처벌을 받지 않기 때문에 '형사미성년자'라고 한다. 한편 14세 미만이라도 '만 10세 이상'은 소년법상 소년보호처분(최대 2년 소년원 처분이고 전과가 되지 않음)을 받을 수 있기 때문에 이러한 10세 이상 14세 미만의 소년을 '촉법소년觸法少年'이라고 한다.

는 것이다.

성년후견에는 당사자의 의사에 따라 시작되는지, 당사자의 정신적 장애 정도와 필요가 어떠한지에 따라 몇 가지 다른 종류가 있다. 혼자서는 거의 사무를 처리하지 못할 정도로 중한 경우에 신청하는 '성년후견', 일정한 몇몇 사무에 한해 후견인의 도움을 받아 처리해야 할 때 필요한 '한정후견', 특정한 사무에 대해서만 지원을 받는 '특정후견', 후견을 받아야 할 사람(피후견인[3])에게 정신적인 문제가 생기기 전에 계약을 통해 후견의 내용을 미리 정해두는 '임의후견'이 그것이다. 피후견인이 도움을 받는 사무에는 재산에 관한 것도 있지만 거주지와 치료 방법의 선택이나 어떤 사람과 만날지, 어떤 전화나 우편을 받을지에 관한 결정 등 신변에 관련된 것도 있다.

2013년 7월 성년후견제도가 도입되기 전에도 비슷한 제도가 있었다. '금치산·한정치산제도'이다. 금치산자禁治産者는 말 그대로 '재산을 다스리는 것이 금지된 사람'이고, 한정치산자限定治産者는 '재산을 돌볼 능력이 부족한 사람'이라는 뜻이다. 혈연관계에 있는 일가一家나 대가족이 함께 모여 살던 시대에 정신적으로 어려움을 겪는 가족 구성원이 마음대로 집안의 재산을 처분하거나 낭비하지 못하도록 한 것이다. 따라서 금치산·한정치산제도는 정신

3 '피후견인'은 정신적 장애가 있는 사람으로 후견이 개시된 사람을 말한다. '후견인'은 피후견인을 돕거나 대신 사무를 보아주는 사람이다. 후견의 종류에 따라서 성년후견인, 한정후견인, 특정후견인, 임의후견인과 같이 불린다.

적 제약을 가진 사람의 의사 실현을 돕고 권리를 보호하려는 제도라기보다는 그를 무능력자로 낙인하여 사회에서 배제함으로써 그가 속한 집안의 재산을 보전하거나 일반 공중의 거래 안전을 도모하기 위한 제도였다고 할 수 있다. 그래서 재산 외에 치료나 주거 안정, 복지서비스 수령과 같이 온전한 삶을 영위하도록 하는 데에는 관심을 두지 않았다. 후견인 선정에도 이 같은 태도가 그대로 드러난다. 금치산자의 후견인은 피후견인의 생각이나 후견인과의 친밀도를 고려하지 않고 친족 중 촌수가 가깝고 나이가 많은 사람이 일률적으로 강제 선정됐기 때문에 피후견인에 대한 헌신적인 돌봄을 기대하기 어려웠다.

최근 우리 사회에는 치매 등 인지능력에 문제를 가지고 있는 노인이 갈수록 늘어나고 있다. 반면 사회제도와 가치관의 변화에 따라 이들을 보호하고 지지할 전통적인 대가족이나 지역적·혈연적 공동체는 대부분 사라졌거나 예전과 같은 기능을 담당하지 못하고 있다. 뇌출혈, 정신질환 같은 질병이나 사고로 인해 정신적인 어려움을 겪고 있는 장애인은 지속해서 증가하고 있고, 발달장애인과 같은 지적장애인을 포함해 이들 모두 우리 사회의 일원으로서 똑같은 권리를 누리며 살아가야 한다는 의식의 변화나 사회적 요구는 더욱 강해지고 있다.

한 개인이 인간으로서 존엄과 가치를 지킬 수 있는 절대적인 전제조건은 자신의 삶을 자기 뜻대로 형성하고 실현할 수 있어야 한다는 것이다. 즉 재산관계나 가족관계의 형성과 변경, 신변에 관한 결정 등 모든 생활관계에 있어서 남아 있는 정신적 능력이 얼마이든 자신의 결정이 철저히 보장되고 존중받아야 한다. 이는 우리나라가 가입한 유엔장애인권리협약에 명시된 장애인의 법적 능력 향유에서의 차별 금지와도 그 목적이 맞닿아 있다. 이러한 생각이 바탕이 되어 우리나라에도 성년후견제도가 도입되었다.

성년후견의 기본 이념은 필요성, 보충성, 정상화이다. 피후견인이 후견 없이도 충분한 보호를 받을 수 있다면 후견이 실시되어서는 안 되고, 후견을 하더라도 피후견인의 뜻이 잘 반영되는 임의후견을 우선 고려해야 한다. 또한 의사결정을 다른 사람이 대신하지 않고 의사결정 장애인이 스스로 자신의 선호에 따라 결정할 수 있도록 후견인은 조력하는 데 그쳐야 한다. 장애가 있더라도 사회에서 격리하거나 배제하지 말고 다른 구성원과 대등하고 조화롭게 살 수 있도록 격려하고 도와야 한다. 이런 취지와 원칙이 있기는 하지만, 정신적 장애와 제약이 있는 사람의 선택과 결정을 구체적으로 어떻게 보호하고 어디까지 인정할지는 쉽지 않은 문제이다.

한쪽에는 어떤 경우라도 장애인 자신의 결정이 우선이고 절대 제한해서는 안 된다는 의견이 있다. 이들은 의사결정에 있어 장애인 자신의 선호와 결정으로 발생하는 손해와 피해는 스스로 감당하거나 그로 인한 사회적 비용을 국가와 사회가 책임져야 한다고 말한다. 반대로 의사결정 장애인의 결정이 비합리적이고 비이성적이라면 그 행위의 효력을 전면적으로 부정해야 하는 것이 실질적으로 그 사람을 보호하는 것이라는 의견이 있다. 그렇게 하려면 필연적으로 그 사람이 단독으로 할 수 있는 행위의 범위를 없애거나 줄이고, 후견인과 같은 다른 사람이 대신하게 해야 한다. 어느 쪽 의견이 옳을까? 결론을 내리기 전에 사례를 통해 좀 더 고민해 보자.

나는 사랑할 수 없나요?

A 씨(30세, 남자)는 지하철에서 '장애인에 대한 준강간' 혐의로 체포된다. 수사기관은 A 씨가 피해자 B 씨(27세, 여자)의 정신적인 장애를 이용해 성폭행했다고 의심하고 있다. A 씨는 온라인 지적장애 봉사활동 모임에 나갔다가 B 씨를 보고 반했고, B 씨와는 사랑하는 사이로서 합의하에 성관계를 가졌을 뿐 강간을 한 적이 없다고 주장한다.

2022년 방영된 드라마 〈이상한 변호사 우영우〉의 한 에피소드에 등장하는 내용이다. 자폐 스펙트럼 장애를 가졌지만 천재적 두뇌로 변호사가 된 극 중 주인공 우영우는 아직 서툴지만 맑은 영혼과 뛰어난 법률 지식으로 사건을 해결해 나간다. 비장애인 남성 직원과 사랑을 키워가고 있던 우영우는 소속 법무법인의 반대에도 불구하고 A 씨를 변호하고 싶어 한다. 지적장애를 가지고 있는 B 씨와 비장애인 A 씨의 관계가 진실한 사랑이길 바라는 마음에서이다.

사건을 맡게 된 우영우는 법정에서 A 씨와 B 씨가 서로 애칭까지 만들어 부를 정도로 사랑하는 연인 관계이고 사랑하기 때문에 성관계까지 가졌다고 변론한다. B 씨의 어머니와 방청객으로 참석한 많은 장애인 가족은 A 씨가 지능이 13세 정도인 B 씨를 그럴듯한 말로 속여 강제로 관계를 가진 것뿐이라고 분노한다.

재판 과정에서 A 씨가 B 씨 명의의 카드를 발급받은 뒤 수백만 원에 달하는 데이트 비용을 내게 했고, B 씨를 만나기 1년 전에도 다른 지적장애인 여성과 유사한 사건이 있었다는 사실이 밝혀진다. 마지막으로 증언대에 선 B 씨는 "A 씨는 성폭행하지 않았고, 모든 진술은 엄마가 시킨 것이다. A 씨를 사랑하고 있고, A 씨가 감옥에 가지 않게 해달라"라고 부탁한다. A 씨는 감옥에 가게 되었을까?

「성폭력범죄의 처벌 등에 관한 특례법」은 장애인에 대한 강간죄에 대해 "신체적인 또는 정신적인 장애로 항거불능 또는 항거곤란 상태에 있음을 이용하여 사람을 간음한 사람은 무기징역 또는 7년 이상의 징역에 처한다"라고 규정하고 있다. 형법에서 정하는 보통의 강간죄나 준강간죄⁴보다 가중해서 처벌하고 있는 것인데, 그 이유는 인지능력이나 방어능력 및 대처능력 등이 비장애인에 비해 떨어지는 장애인에 대한 범죄라는 점에서 죄질이 나쁘고,

---

4 피해자의 심신상실 또는 항거불능 상태를 이용하여 간음을 한 죄로서 강간죄에 준하여 처벌한다.

장애인의 성적 자기결정권을 보다 두텁게 보호하기 위해서이다.

드라마에서 제시된 사실관계에 의하면 B 씨는 아이큐 65의 경도 지적장애로 지능이 13세 정도인데, A 씨와 B 씨의 성관계에서 A 씨의 물리적인 폭행이나 협박은 없었던 것 같다. 결국 A 씨와 B 씨의 성관계가 합의에 의한 것인지, B 씨가 정신적인 장애로 인해 성관계에 대한 거부 또는 저항 의사를 표현하는 것이 불가능하거나 곤란한 상태임에도 A 씨가 이를 이용해 간음을 한 것인지에 따라 결론이 달라질 것이다.

법원은 '정신적인 장애로 항거가 불가능하거나 곤란한 상태'가 반드시 물리적으로 반항이나 저항이 불가능하거나 곤란할 정도에까지 이를 필요는 없고 심리적으로 그러한 상태라면 충분하다고 한다. 또한 그러한 상태에 이르렀는지는 피해자의 정신적 장애 정도는 물론 피해자와 가해자의 관계, 주변의 상황과 환경, 가해자의 행위 내용과 방법, 피해자의 인식과 반응 내용 등을 종합적으로 검토해서 결정해야 한다고 한다.

B 씨가 경도 지적장애인이기는 하지만 교육을 통해 직업생활과 사회생활이 충분히 가능하고, 성관계 당시 상황에 대해 구체적으로 묘사할 수 있었으며, 성행위 전후의 생각과 감정에 대해 일관된 진술을 한 것을 보면, 합의에 의한 성관계로서 정신상의 장애로 항거가 불가능하거나 곤란한 상태가 아니었을 수도 있다.

한편 B 씨는 "성행위를 하기 싫다고 했더니 A 씨가 삐졌다. A 씨는 성행위를 하지 않으면 우리의 사랑이 찐 사랑이 아니라고 했

다. 성행위가 시작되자 기분이 나빠졌다. 조금 무서웠다. 엄마한
테 혼날까 봐 싫어졌다"라고 진술한다. 또한 B 씨의 의학적 상태
에 대한 증인으로 나온 정신과 의사는 "B 씨는 애정으로 위장하
거나 친분관계를 이용한 가해행위에 취약하고, 거절하는 방법 자
체를 잘 모를 수 있을 뿐 아니라, 성관계를 거절하면 A 씨와의 관
계를 잃게 될까 봐 두려워하고 있다. B 씨는 스스로를 지키는 힘이
부족하고 따라서 온전한 성적 결정권이 있다고 보기 어렵다"라고
증언한다. A 씨의 B 씨에 대한 경제적 착취, A 씨의 다른 지적장애
인 여성에 대한 유사 사례까지 모두 종합해 보면 A 씨가 B 씨의
정신적 장애 상태를 악용하여 간음했고, B 씨는 정신적 장애 상태
때문에 거절이나 항거를 하지 못한 것으로 볼 여지도 있다.

　재판 결과 A 씨에게는 징역 2년과 성폭력치료 강의 수강명령,
신상정보 등록 및 공개 명령이 선고되었다. 이 사건의 모티브가
된 실제 사건에서도 비슷한 이유로 유죄가 선고되었다.

　이 에피소드는 정신장애인의 성적 자기결정권과 장애인의 실
질적인 보호 사이의 갈등에 대해 질문을 던진다. '제비' 같은 나
쁜 남자라는 것을 알지만 그래도 사랑하면 안 되냐는 B 씨의 질문
에 우영우 변호사는 "장애인도 나쁜 남자를 사랑할 자유가 있어
요. 성폭행인지 사랑인지 어머니와 재판부가 결정하게 두지 마세
요"라고 말한다. 이 문제에 대해 B 씨의 어머니는 생각이 다르다.
"나쁜 남자를 사랑할 자유? 그따위 개소리 하지 말아요. 나는요,
이 거지 같은 세상에서 우리 애를 지켜야 돼요. 순진하고 만만하

다 싶으면 득달같이 달려들어서 우리 애 몸이고 돈이고 마음이고 다 뽑아 먹으려는 나쁜 새끼들한테서 우리 새끼 어떻게든 지켜야 한다고요. 그런 엄마 마음도 모르면서 장애인의 사랑할 권리? 지금 누구 앞에서 자폐 타령, 장애 타령 합니까?"

B 씨가 다소 미숙하고 표현이 어눌하다고 해도, 그 판단이 일반인이 볼 때 비합리적이고 위험한 것이라 하더라도 B 씨의 마음과 결정은 존중되어야 하는 것임에는 틀림없다. 그러나 B 씨의 장애 상태를 이용해 불순한 목적으로 접근한 후 B 씨를 사랑의 대상이 아닌 자신의 욕망을 충족할 도구로 악용한 A 씨는 처벌되어야 마땅하다. 그러한 범죄가 되풀이되지 않도록 B 씨가 보호받아야 하는 것도 당연하다.

사람이 일상을 살아가면서 스스로 결정하거나 결정을 강요받는 일은 성적 자기결정에 한정되지 않는다. 부동산을 사고팔고, 핸드폰을 개통하고, 카드를 발급받아 사용하고, 계약을 체결하는 등 재산과 관련된 일들도 있고 혼인이나 이혼, 입양 등 신분관계와 관련된 일들도 있다.

자기결정권의 핵심은 그 사람이 언제나 객관적, 합리적, 이성적인 판단을 해야 한다는 것이 아니다. 비록 그의 판단이 합리적이거나 이성적이라고 다른 사람이 인정해 주지 않더라도, 그 사람의 가치관이나 세계관, 바람, 욕구, 감정, 선호에 따라 스스로 결정한 것이라면 그러한 본인의 대체 불가능한 선택과 결정은 어떤 경우에도 존중되어야 한다는 것이다. 그런데 정신적으로 판단하거나

결정하는 능력이 부족한 사람의 자기결정을 존중하기 위해 의사
결정의 영역을 넓히기만 하고 그에 따른 법적인 보호를 게을리하
면 오히려 그 사람을 실질적으로 보호할 수 없게 될 가능성이 있
다. 특히 자기결정이라는 명목하에 의사결정 장애인을 이용하려
는 시도가 빈번하게 일어나고 있는 현실에서, 정신적인 어려움을
겪고 있는 고령자나 장애인의 비이성적인 결정을 취소할 수 있는
장치가 없다면 의사결정 장애인은 돌이킬 수 없는 위험에 노출될
수 있다. 예컨대 하루에 핸드폰 수십 대를 개통하거나 카드를 여
러 장 발급해서 모두 사용하는 것처럼 정신적 장애인의 비합리적
이고 미숙한 행위를 의사결정의 자유라는 근거로 완전히 유효하
게 두는 것은 바람직하지 않다.

　따라서 정신장애인의 자기결정에 대한 자유를 최대한 존중하
면서 그 보호에도 부족함이 없도록 하는 지혜가 필요하다. 말기
치매 상태나 식물인간 상태처럼 본인의 의사를 결정할 능력을 완
전히 상실하거나, 인지능력이 거의 남아 있지 않은 상태라면 오히
려 이러한 문제의 여지는 적다. 그러나 발달장애인이나 초기 치매
환자, 정신질환자 등과 같이 자기결정 능력이 다소 부족하기는 하
지만 사회참여와 자립생활이 충분히 가능한 경우에는 더 세심한
배려가 필요하다.

　이런 경우 과연 후견제도가 도움이 될 것인가 하는 근본적인 문
제부터 살펴야 한다. 후견이 이루어지더라도 최대한 의사결정 장
애인 스스로 모든 문제를 고민하고 결정할 수 있도록 도와야 하

며, 다른 사람이 결정을 대신하거나 관여하는 것에는 신중해야 한다. 그 사람이 스스로 어떤 생각을 하고 있는지, 인지능력과 사회 참여가 가능한 정도가 어떠한지, 그 사람을 둘러싼 가족적·사회적 유대관계와 보호망의 구비가 잘되었는지와 같은 사정을 잘 살펴 인지능력 장애인의 자기결정과 선호를 최대한 존중하면서 그 보호에도 부족함이 없도록 해야 하는 것이다.

내 앞에 있는 사람이 나쁜 남자라고 해도, 다른 사람이 아무리 아니라고 해도, 사랑이 무엇인지 다른 사람들처럼 세련되게 표현할 수 없다고 해도 B 씨의 사랑은 '찐 사랑'이다. 그 소중하고 예쁜 마음에 상처를 주거나 악용하려고 하는 A 씨와 같은 사람을 벌주거나 그런 시도를 무력화해서 B 씨를 안전하게 보호할 수 있도록 하는 일은 우리 사회 구성원 모두의 몫이다.

언제 찾아올지 모를 인지장애가 걱정된다면

A 씨(1950년생, 남자)는 25년간 다니던 대기업을 나와 20여 년 전 자신의 사업체를 세워 알차게 일구었다. 큰아들이 회사에서 경영 수업을 받고 있기는 하지만 A 씨는 아직 회장으로서 중요한 사항은 빠짐없이 직접 보고받고 결정하고 있다. 골프 비거리가 꽤 줄었을 뿐 일주일에 한두 번 라운딩을 하거나 한 달에 한두 번 친구들과 근교 산을 다니는 데는 체력적으로나 경제적으로 큰 어려움이 없다. 자녀들도 모두 결혼하고 독립했다. 아내가 3년 전 유방암으로 일찍 세상을 떠나는 바람에 일상생활이 조금 불편하고 때로 외롭다고 느껴지는 것 외에는 남부러울 것도 걱정할 것도 그다지 없다. 그런데 나이가 들수록 의지가 되는 친구들이 하나둘 현업에서 은퇴하고는 점점 모임에 나오지 못하는 일이 늘고 있다.

한 친구는 지난해에 갑자기 뇌출혈로 쓰러져 아직도 의식이 돌아오지 않고 있는데, 아무런 대비가 안 되어 있다 보니 부인과 자녀들이 병원 치료비와 요양원비 지급이나 보험금 수령 문제, 남아 있는 재산 처리 문제로 애를 먹고 있다. 다른 한 친구는 벌써 치매가 상당히 진행되어 일상생활조차 힘들게 되었는데, 그 와중에 자식들이 아버지 재산을 두고 진흙탕 싸움을 벌이느라 정작 아버지를 잘 돌보지 않는다고 한다.

A 씨는 건강검진을 받아보면 자잘한 성인병 외에 크게 아픈 곳은 없지만 요즘 들어 부쩍 기력과 기억력이 떨어지는 것을 느낀다. A 씨는 주위 친구들을 보면서 치매나 뇌출혈, 불의의 사고로 인한 인지장애가 남의 이야기만은 아니라는 걸 실감한다. 자신에게도 언제 찾아올지 알 수 없으며, 만일 자신에게 그런 상황이 오면 어떻게 될지 걱정이 되기 시작했다. 불의의 사고에 대비해 미리 보험에 가입하듯이 인지장애에 대비하는 방법은 없을까?

살아 있는 한 우리는 모두 나이 들기 마련이고 한두 가지 병에 걸린다. 죽음에 이르기까지 건강하게 살아간다 해도 마지막 순간에는 분별이 어려운 상황이 찾아올 수 있다. 온전하지 못할 수 있는 노후나 마지막 순간에도 자신의 안위와 뜻을 지킬 수 있도록 적절히 대처하거나 대비할 수 있게 도와주는 것이 바로 성년후견제도이다. 아직은 건강하지만 앞으로의 일이 걱정되는 사례와 같은 경우에도 제도 이용을 고려해 볼 수 있다.

성년후견제도는 정신적 제약이 있는 사람이 후견인의 도움을 받을 수 있도록 하는 제도이다. 정신적 문제의 원인으로는 조현병과 같은 정신질환이나 발달장애도 있지만 치매나 뇌출혈 등 뇌병

변이 가장 많다. 후견인은 가족들 중에서 정서적으로 피후견인과 가장 가깝고 잘 돌볼 수 있는 사람, 혹은 가족 중 합의로 추천된 사람이 되는 것이 일반적이고 또 바람직하다. 하지만 가족들이 서로 후견인이 되겠다거나 모두 되지 않겠다고 다투는 경우에는 변호사나 법무사, 사회복지사와 같은 제3자가 선임되기도 한다.

앞서 살펴본 '성년후견', '한정후견', '특정후견'은 모두 본인이 인지능력을 잃은 후 가족과 같은 다른 사람의 청구에 의해서 법원이 관련 사항을 결정한다. 후견을 시작할 것인지, 시작한다면 어떤 유형의 후견으로 할 것인지 후견인은 누구로 하고 그 권한의 범위를 어떻게 할지 모두 법원이 정하는 '법정후견'에 해당하는 것이다. 법원이 여러 사정을 모두 참작해서 잘 정하기는 하겠지만 법원이 모두 정하게 되면, 본인이 원했던 사람이 후견인이 되지 않을 수도 있고 후견인의 후견 업무가 정작 자신의 의사와 다른 방향으로 흘러갈 수 있다. 무엇보다 가족 사이에 다툼이라도 생기게 되면 자신의 신변과 재산 문제에 가족이 아닌 제3자가 개입하게 될 우려가 있다.

후견을 받아야 할 사람에게 정신적인 문제가 생기기 전에 후견인을 누구로 할지, 후견인에게 어떤 권한을 줄지에 대해 후견인이 될 사람과의 계약을 통해 미리 정해둘 수도 있는데 이를 '임의후견'이라고 한다. 즉 아직 본인에게 정신적 문제가 생기기 전이라면 가장 믿을 만하고 신뢰할 만한 사람을 후견인으로 미리 정하고 어떤 권한을 줄지에 대해 후견인이 될 사람과 '후견계약'을 체결해 두는 것이다. 계약은 공정증서로 작성되고 법원의 후견등기부에 미리 등기해 둔다. 시간이 흘러 치매나 뇌출혈과 같은 이유로 실제로 인지능력을 잃는 상태가 되면 후견인이 될 사람이 가정법원으로부터 자신을 감독할 '임의후견감독인'을 선임받은 후, 계약에서 정한 대로 후견 업무를 시작하게 된다.

언뜻 절차가 복잡하고 비용이 많이 들 것처럼 보이지만 후견계약의 기본 양식은 인터넷 등에서 쉽게 구할 수 있으므로 참고하면 된다. 공정증서 작성이나 등기도 그리 어렵거나 비용이 많이 드는 절차는 아니다. 임의후견은 무엇보다 혹여 자신이 정신적인 어려움을 겪게 되더라도 자신이 미리 정해둔 뜻에 따라 자신의 신변과 재산을 보호하고 관리할 수 있다는 무시 못 할 장점이 있다. 후견계약을 공정증서로 작성하는 김에 임의후견인이 될 사람을 유언집행자로 하는 유언 공정증서를 함께 작성해 두면 사무처리의 연속성이라는 측면에서 도움이 될 수 있다.

다만 이미 정신적으로 어려움을 겪고 있어서 후견계약을 체결할 수 있는 상태가 아님에도 불구하고 가족 등 주위 이해관계인에 의해 마치 본인의 진정한 의사인 양 가장해서 계약을 체결하는 경우도 있다. 후견계약 체결 당시 본인이 정신적 능력이 있고 진정한 의사에 기한 것인지는 후에 임의후견감독인 선임 재판 과정에서 가정법원이 심사한다. 그러므로 불필요한 논란 방지를 위해 가급적 계약 전후로 치매 등 정신건강과 관련된 검진을 받아두는 것이 좋다.

임의후견 외에 미리 믿을 만한 사람에게 일정한 행위에 대한 대리권을 주는 위임계약을 체결해 두는 방법도 있다. 법률상 본인이 인지능력을 상실해도 대리권이나 위임계약의 효력은 유지되기 때문에 인지능력을 상실할 것을 조건으로 대리권을 수여하거나 사무 처리에 대해 권한과 의무를 부여하는 방법으로도 대비할 수 있다. 그렇지만 이러한 계약은 임의후견과 달리 수임인이 적정하게 사무를 처리하지 않고 권한을 남용하는 경우 통제할 방법이 없고 신변에 관한 사항까지는 위임하기 어렵다는 단점이 있다.

지금까지 성년후견제도가 무엇인지, 어떤 이념에 바탕을 둔 것인지, 구체적으로 어떤 종류가 있는지 알아보았다. 이제 성년후견이 꼭 필요한 상황과 실제로 일어날 수 있는 분쟁에는 어떤 것이 있는지 살펴보자.

아버지의 간병인이 갑자기 새어머니가 된 사연

A 씨(1929년생, 남자)는 경북 문경에서 태어나 초등학교 때 부모님을 여의고 둘째 누나 집에서 어렵게 살았다. 젊은 시절에는 미군부대 장군 비서실에서 일하면서 생계를 유지했고 그 후에는 미군부대에서 나와 조그만 양품점을 시작했다. 배움은 짧았지만 타고난 근면함과 성실함 때문인지 오래지 않아 목돈을 모았다. 34세이던 1963년에는 고향 여자를 만나 결혼해 슬하에 1남 1녀를 두게 된다. 혼인생활 15년 만에 갑자기 처가 세상을 떠난 후로는 재혼하지 않고 홀로 살았는데, 부동산 투자로 서울과 경기도에만 건물과 토지 수십 필지를 보유하는 큰 부를 이루었다.

두 자녀, 손자녀들과 함께 안락한 생활을 보내고 있던 A 씨는 74세이던 2003년경부터, 자신이 한 은행 거래나 부동산 계약 사실, 자녀들과의 전화 통화 내용을 금세 잊어버리는 등 인지장애 증상을 보이기 시작했다. 치매약을 복용해 병세가 급격히 진전되지는 않았지만, 2010년경부터는 만성 허리디스크와 당뇨병 등으로 혼자서는 거의 거동하지 못하는 상태가 됐다. A 씨는 워낙 성격이 강한 데다 오랜 투병으로 더 날카로워져서 마음에 드는 간병인을 찾기 쉽지 않았다. 하지만 2013년 입주한 간병인 B 씨(1965년생, 여자)는 이전 간병인들과 달리 묵묵히 잘 견디는 것 같아 가족들은 내심 안도하게 되었다.

그로부터 2년여가 흐른 2016년 초경 A 씨의 아들은 법률문제 처리를 위해 A 씨의 가족관계증명서를 떼보고 깜짝 놀랐다. A 씨의 배우자로 B 씨가 기재되어 있고 2015년 말경 혼인신고를 했다는 것이다. 놀란 자녀들이 A 씨의 집으로 몰려갔다. A 씨는 기억나지 않는다거나 B 씨가 뭐 잘못한 것이 있겠느냐는 말만을 되풀이했다. B 씨는 A 씨가 지금은 기억하지 못하지만 자주 찾아오지도 않는 자녀들보다 자신이 훨씬 낫다고 하면서 죽을 때까지 아내로서 함께해 달라고 여러 차례 부탁해서 할 수 없이 혼인신고를 했다고 주장했다. 알고 보니 A 씨의 부동산 중 상당수가 이미 매각되어 그 대금은 어디로 갔는지 알 수 없었고, A 씨 사후에 재산의 대부분을 배우자인 B 씨에게 준다는 유언장이 작성되어 있었다.

A 씨의 자녀들은 B 씨를 당장 쫓아내려고 했지만, A 씨는 이유를 막론하고 B 씨와 함께 있겠다고 하면서 오히려 자녀들에게 나가라고 호통을 쳤다. 결국 A 씨의 자녀들은 B 씨를 상대로 혼인무효 소송을 제기했다. 아울러 A 씨가 현재 정신적 장애로 인해 스스로 적법한 행위를 할 수 없는 상태라고 주장하면서 성년후견을

신청했다.

　모 방송사의 탐사보도 프로그램에서 다룬 다른 사례도 살펴보자. 수백억 원대의 자산을 가지고 있지만 치매로 인지능력이 상당히 떨어진 100세 할머니 C 씨에게는 아들이 하나 있다. 아들에게는 배우자나 자녀가 없고, 그 역시 80세에 가까워 건강과 인지능력이 온전하지 못하다. 그런데 할머니 모자를 3년 가까이 돌보던 요양보호사 D 씨가 어쩐 일인지 갑자기 가족관계증명서에 할머니의 양녀養女로 기재되었다. 이와 같은 사정을 알게 된 할머니의 친척들은 D 씨를 고발하고 입양무효 소송을 제기했다. D 씨는 최선을 다해 딸처럼 할머니를 모셨더니 할머니가 딸로 삼고 싶다고 해서 어쩔 수 없이 양녀가 되었을 뿐 재산에 대한 욕심은 없다고 주장했다. 여러 송사 도중 할머니는 사망하게 된다. D 씨는 C 씨의 재산을 상속받을 수 있었을까? 입양이 무효라면 아들이 단독으로 상속할 것이고, 아니라면 딸이 된 요양보호사는 아들과 함께 공동상속인이 될 것이다.

　사례들과 같이 간병인이나 요양보호사, 가정부가 어느 날 인지장애를 가진 노인의 배우자나 양자로 변신함으로써 문제가 되는 일이 종종 발생한다. 정신적으로 어려움을 겪는 사람을 돌보던 사람들이 그들의 인지능력 부족이나 상실 상태를 이용해 임의로 자신을 상속권이 보장되는 배우자나 양자로 등록하는 것이다. 사례들처럼 가족으로 등록하지는 않더라도 몰래 상당한 재산이 그들 앞으로 증여되었거나, 사망 후에 준다는 내용의 유언이 작성되는 경우가 많다.

그런데 인지장애인의 가족이나 친척이 이러한 비정상적인 상황을 뒤늦게 알게 되어 성년후견을 신청하고 더 이상의 재산 손실을 막아보고자 해도 이미 재산이 다 넘어갔거나 할머니 C 씨처럼 돌아가셨다면 소용이 없어진다. 가족이나 뒤늦게 선임된 후견인이 혼인이나 입양이 무효라고 주장하거나 생전에 증여한 재산과 유언이 효력이 없다고 주장해 보지만 상황을 뒤집기는 상당히 힘들다. 인지장애인의 왜곡되고 학습된 진술을 담은 문서나 교묘하게 편집된 비디오 영상이 남아 있을 뿐 그 진위를 확인해 줄 인지장애인은 아무 말도 못 할 정도로 장애가 심해졌거나 이미 세상에 없는 경우가 많기 때문이다.

다행히 A 씨의 경우 치매가 발병한 2003년 이후 계속된 치료 및 투약 이력, 혼인신고 및 유언 직전 종합검진에서 한 치매 검사 결과, 그즈음 A 씨의 정신상태를 나타내는 영상과 여러 글, 주위 사람의 증언 등이 있어서 간신히 혼인무효 및 유언무효 확인 판결이 선고되었다. 그와 별개로 A 씨에게는 성년후견이 시작되어 아들을 후견인으로 선임하는 결정이 있었고, 이후 A 씨는 가족들의 애정 어린 보살핌을 받으며 안락하게 여생을 보낼 수 있었다. D 씨에게도 입양무효 판결이 선고되어 C 씨의 아들이 단독으로 상속받게 되었다. 인지능력 상실에 대비하지 않으면 누구에게나 일어날 수 있는 일이다. 막장 드라마와 같은 사례는 이뿐만이 아니다.

작은아버지, 제가 모실게요

A 씨(1942년생, 남자)는 청주에서 2남 1녀의 차남으로 태어나 19세 되던 해에 빈손으로 상경했다. 밤낮없이 일해서 상당한 재산을 모았고, 늦었지만 결혼도 했다. 그런데 슬하에 자녀가 없어서 형님의 아들 B 씨(1962년생, 남자)를 양자로 입양하려고 했지만, 주위의 반대로 뜻을 이루지 못했다. 그러다가 동네 사람의 소개로 고아를 양자로 들였는데, 부인이 사망한 2014년경 이후로는 성인이 된 양자로부터 폭행과 학대를 당했다. 견디다 못한 A 씨는 조카인 B 씨의 집으로 피신한다. A 씨는 그즈음부터 치매를 앓기 시작했고, 2년이 지났을 때쯤 양자를 파양했다.

2017년경 A 씨가 뇌 검사 등을 이유로 병원에 입원해 있었을 때, A 씨 소유인 시가 50억 원 상당의 경기도 분당구 소재 지상 5층 건물이 B 씨 명의로 이전등기되었다. 2018년경부터는 요양원에서 홀로 지내게 되었는데, 저간의 사정을 알게 된 A 씨의 여동생 C 씨가 A 씨를 다른 요양원으로 옮기고, B 씨를 비롯한 다른 친척들의 접근을 막은 채 A 씨의 은행 계좌 비밀번호를 변경하고 정기예금을 해약해 치료비로 사용했다.

그러자 이번에는 조카 B 씨가 가정법원에 성년후견 재판을 신청했다. B 씨는 C 씨가 다른 친척들의 접근을 막은 채 A 씨의 예금 등 재산을 마음대로 사용하고 있다고 주장했다. B 씨는 자신의 뜻을 이룰 수 있었을까?

사례에서는 부인도 자녀도 부모도 없는 A 씨를 둘러싸고 A 씨의 추정상속인[5]인 형제자매와 그 자녀 사이에 다툼이 벌어졌다. 입양된 양자가 A 씨를 잘 모셨더라면 단독으로 A 씨의 재산을 모두 상속할 수 있었을 것이다. A 씨 또한 이런 진흙탕 싸움에 휘말리지 않고 평안한 노후를 맞았을 것이다. 그런데 A 씨의 치매가 점차 진행되고, 단독 추정상속인이던 양자가 파양되면서 문제가 생겼다.

조카 B 씨가 처음부터 A 씨의 재산에 욕심을 낸 것은 아닐 수 있다. 예전에 자신을 입양하려고 했던 작은아버지 A 씨가 자기 집으로 피신할 때만 해도 A 씨를 진심으로 보살피려고 했을 것이다. 그런데 시간이 지날수록 A 씨의 인지능력과 판단력이 나빠지는 것을 알게 되면서, "앞으로 내가 죽으면 이 재산은 어려울 때 날 보살핀 너에게 다 주겠다"라는 A 씨의 지나가는 말을 고모 C 씨나

---

5 피상속인이 사망한 시점부터 상속인이 되는 것이어서, 사망 이전에는 상속인이 될 것으로 예상되는 사람이라는 의미로 '추정상속인'이라고 한다.

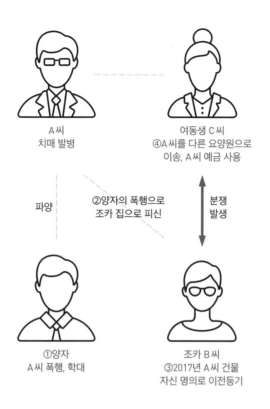

A씨
치매 발병

여동생 C씨
④A씨를 다른 요양원으로
이송, A씨 예금 사용

파양

②양자의 폭행으로
조카 집으로 피신

분쟁
발생

①양자
A씨 폭행, 학대

조카 B씨
③2017년 A씨 건물
자신 명의로 이전등기

★상속재산
  50억 원 상당 건물, 20여억 원의 예금

다른 사람들의 방해가 있기 전에 즉시 실행하고 싶었을 것이다.

　인지장애를 겪고 있는 사람을 실제로 보호하고 있거나 재산을
이미 많이 받은 쪽에서는 일반적으로 성년후견개시에 반대한다.
그 사람의 정신상태나 판단력에 문제가 없다고 해야만 이미 이루
어진 재산의 처분이 유효하게 될 것이고, 앞으로도 남은 재산을

자신의 뜻대로 처리할 수 있기 때문이다. 그런데 이상하게도 사례에서는 A 씨의 재산 중 큰 비중을 차지하는 분당 건물을 받은 B 씨쪽에서 먼저 후견 신청을 하고 오히려 나중에야 A 씨의 신병을 확보한 여동생 C 씨 쪽에서는 A 씨의 정신이 멀쩡하다고 주장했다.

재판이 진행되는 동안 A 씨에게 당초 분당 건물 외에도 20여억 원의 예금이 더 있었고, C 씨가 B 씨로부터 A 씨의 신병을 탈취한 2018년경까지만 해도 10억 원 이상의 돈이 남아 있었다는 사실이 밝혀졌다. B 씨는 이 돈마저도 C 씨가 마음대로 쓰는 것을 눈 뜨고 보지 못했던 것이다.

정신감정 결과 A 씨는 중증 치매로 사무를 처리할 능력이 없음이 판명됐다. 결국 A 씨에게는 성년후견이 개시되었고, 성년후견인으로는 B 씨나 C 씨가 아닌 전문가 후견인인 변호사가 선임되었다. 그런데 후견인이 A 씨의 재산 상태를 조사해 보니 A 씨에게 남아 있는 재산은 불과 200만 원이 전부였다. 성년후견 재판이 진행되는 사이 여동생 C 씨가 A 씨의 뜻을 빙자해 C 씨의 아들에게 10억 원을 증여한 것이다.

지금은 후견인에 의해 C 씨의 아들과 B 씨에 대한 재산 환수 소송이 진행되고 있다. 재산을 다시 A 씨에게 돌려놓으려면 증여 당시 A 씨에게 의사를 결정할 능력이 전혀 없었다는 점이 인정돼야 한다. 하지만 치매의 특성상 A 씨가 과거의 특정 시점에 그러한 상태였음을 입증하기는 용이하지 않다. 이제 목적을 달성한 B 씨나 C 씨는 물론 어느 누구도 찾아오지 않는 요양원 6인실에서 A 씨는 아무 재산도 없이 외롭게 죽음을 기다리고 있다.

앞서 본 몇몇 사례는 드라마 속의 이야기가 아니고 지금도 우리 주위에서 비일비재하게 벌어지고 있는 사건들이다. 그러나 만일 자신이 갑자기 정신적 제약 상태에 빠질 수 있음을 깨닫고, 이를 미리 대비해 두었다면 이 같은 상황은 일어나지 않았을 것이다. 나이가 들면 치매나 뇌출혈이 언제든지 올 수 있고 그로 인한 정신적인 어려움도 따를 수 있다는 점을 유념해야 한다. 우리 사회는 실손보험이나 암보험을 들어두어야 한다는 건 잘 알면서, 정신적 어려움에 빠졌을 때를 대비해야 한다는 건 잘 모른다. 내가 선택한 사람의 도움을 받고, 내가 원하는 곳에서 내가 사랑하는 사람들과 평안하게 살면서, 내 재산을 나의 뜻대로 쓰기 위해서는 준비가 필요하다는 사실을 쉽게 떠올리지 못한다. 자녀나 주위 사람들이 그 필요성을 알게 되어도 정작 본인에게 대비하라고 권할 수 있는 사회적·문화적 환경이나 공감대가 형성되어 있지도 않다. 노후에 대해 걱정하고 있다면 임의후견계약 체결을 고려해 봄직하다. 내 곁에 있는 가족들이 끝까지 사랑하는 가족들로 남고, 마지막 순간까지 나의 선택이 존중받을 수 있도록 도움을 줄 것이다.

식물인간이 된 남편이 불륜을 저지른 아내에게
이혼을 청구할 수 있을까?

후견인이 개입할 수 있는 범위는 어디까지일까? 재산을 처분하거나 중요한 수술에 동의하는 것과 같은 문제를 넘어 자신의 이혼과 같은 친족관계나 신분을 결정하는 행위까지 대신할 수 있을까? 만약 의식불명에 빠져 자기 행위의 의미나 결과를 합리적으로 판단할 수 있는 정신적 능력이나 지능을 가지고 있지 않은 피성년후견인이 있다면 성년후견인이 재판상 이혼을 청구할 수 있을까?

성년후견제도가 시행되기 전인 금치산·한정치산제도하의 판결이기는 하지만 대법원은 후견인이 의식불명에 빠진 피후견인을 대리하여 재판상 이혼을 청구할 수 있다고 한 적이 있다. 다만 후견인이 그러한 청구를 대신하기 위해서는 배우자에게 부정행위와 같이 법률에서 정한 이혼 사유가 존재해야 할 뿐 아니라 의식불명에 빠진 피후견인이 깨어 있었다면 이혼하겠다는 의사를 표시했을 것이라는 사정을 객관적으로 추정할 수 있는 경우라야 한다는 단서를 달았다.

　그 판단을 위해서 본인의 평소 결혼관, 또는 일상에서 가족이나 친구 등에게 한 이혼과 관련된 의사 표현, 피후견인이 의식불명에 빠지기 전까지의 혼인생활 순탄 정도와 부부 사이의 갈등 해소 방식, 혼인생활의 기간, 피후견인의 나이·신체·건강상태와 간병의 필요성과 정도, 이혼 사유가 발생한 이후 배우자가 취한 반성적 태도나 가족관계의 유지를 위한 구체적 노력 유무, 배우자가 피후견인의 재산을 부당하게 관리·처분하였는지, 이혼에 대한 자녀들의 의견은 어떤지, 혼인관계를 해소하는 것이 객관적으로 피후견인에게 최선의 이익이 되는지 등을 두루 살펴야 한다는 것이다. 즉 피후견인이 식물인간 상태이기 때문에 이혼하겠다는 생각을 직접적으로 표현할 수 없다고 하더라도 다른 여러 객관적인 사실로 피후견인의 이혼 의사를 추정할 수 있다면 후견인이 대리해서 이혼 청구를 할 수 있다는 뜻이다. 그렇다면 이러한 대법원의 입장은 지금도 변함없이 적용될 수 있을까?

　A 씨(1965년생, 남자)와 B 씨(1968년생, 여자)는 1996년에 결혼해 혼인신고를 마쳤고 슬하에 아들과 딸을 두었다. A 씨는 2012년부터 아버지인 C 씨가 설립한 회사의 주식 과반수를 C 씨로부터 증여받고 대표이사로 근무했다. 그런데 2013년경 A 씨가 갑자기 뇌출혈로 쓰러졌고, 의식불명의 상태가 지속되고 있다. B 씨는 A 씨가 의식불명 상태에 빠지자 C 씨와 함께 법무사 사무실에 가서

A 씨로부터 자신이 이 회사의 주식을 증여받는 내용의 주식 양도
양수계약서를 작성하고 주식명의개서[6]를 한 뒤 대표이사에 취임
했다. 그런데 B 씨는 2014년경 부산에 있는 한 모텔에서 이 회사
의 남자 직원과 함께 투숙하다가 A 씨의 동생에게 발각되었다.

　B 씨의 불륜 사실을 알게 된 C 씨는 그대로 있어서는 안 되겠다
고 생각하고, 가정법원에 A 씨에 대한 성년후견개시 청구를 해 성
년후견인으로 선임되었다. 그 후 C 씨는 성년후견인으로서 A 씨를
대리하여 B 씨를 상대로 이혼 및 위자료 청구소송을 제기했다. 아
울러 C 씨는 A 씨가 당시 식물인간 상태여서 B 씨에게 회사 주식
을 증여한 것과 대표이사로 B 씨가 선임된 것에 문제가 있다며 관
련 소송도 제기했다. 또 C 씨는 B 씨를 간통, 사문서위조, 업무상
횡령 등의 죄목으로 고소했고, 이에 맞서 B 씨도 C 씨를 상대로 사
문서위조, 폭행, 모욕 등의 범죄 사실로 고소하는 등 진흙탕 싸움
을 벌이게 되었다. 이 싸움의 결말은 어떻게 되었을까?

　주식에 대한 소송과 형사고소는 본인인 A 씨가 의식불명이라
고 하더라도 C 씨가 A 씨의 후견인으로서 대신할 수 있다. 그 결과
B 씨에 대한 주식의 증여는 A 씨가 의식불명 상태에서 권한 없는
사람에 의해 이루어진 것이어서 무효이고 따라서 회사의 주주는
여전히 A 씨라고 하는 판결이 선고되었다. 한편 B 씨는 간통, 업무
상 횡령, 업무상 배임, 사문서위조, 위조사문서 행사 등으로 징역

6　주주명부에 주식을 소유한 주주의 이름을 바꾸는 것을 말한다.

형의 집행유예를 선고받았고, C 씨 역시 사문서위조 등으로 벌금형을 선고받았다. 그렇지만 정작 법원은 B 씨가 불륜을 저지르고 A 씨의 재산을 무단으로 가져갔다는 사정만으로는 A 씨에게 이혼의사가 있을 것으로 추정하기에 부족하다는 이유로 C 씨가 대신제기한 A 씨의 이혼 청구는 받아들이지 않았다.

근래 가정법원에는 의식불명의 피후견인이 배우자를 상대로 이혼소송을 제기할 수 있도록 그 권한을 후견인에게 부여해 달라는 청구가 빈번하다고 한다. 피후견인의 배우자가 피후견인을 고의로 방치하거나 반복된 부정행위를 하는 경우라면, 이혼 청구를 받아들이는 것이 피후견인의 복리福利에 더 부합할 수 있다. 그뿐만 아니라 만일 후견인이 피후견인의 재판상 이혼청구권을 대신행사하지 못한다면 의식불명 이전의 피후견인이 당연히 이혼을 택했을 것으로 생각되는 경우에도 이혼을 못 하게 되어 부당하다는 것이다.

그러나 이 대법원 판결이나 근래 이러한 움직임에 대해서는 성년후견제도의 본질과 관련해서 비판이 거세다. 성년후견제도는 비록 어떤 상황에 대해 스스로 결정할 능력이 부족하더라도 그 사람의 자기결정권을 존중하는 것을 최상의 가치로 여기고 있고, 이혼은 당사자 본인의 이혼 의사를 본질적인 요소로 하기 때문에 다른 사람이 대신할 수 없다는 것이다. 의식불명 상태에 빠져 이혼에 대한 자신의 생각을 표명하지 못할 뿐 아니라 그 이전에도 그러한 의사를 표명한 적이 없다면, 본인의 의사가 아닌 외부적인 요소만으로 피성년후견인의 의사를 섣불리 추정하거나 다른 사람으로 하여금 이혼소송을 대신 하게 할 수는 없다. 더욱이 객관적인 이혼 사유와 피후견인의 이혼 의사는 별개의 것임에도 불구하고, 이혼 사유가 객관적으로 존재하기 때문에 이혼 의사가 있을 것이 틀림없다고 쉽게 단정하거나 심지어 자녀들의 의견을 고려하여 피후견인의 이혼 의사를 추정하는 것은 피후견인의 자기결정권을 심각하게 침해하는 것은 아닐까? 일견 명백하고 객관적인 이혼 사유가 있는 것처럼 보이는 부부라도 반드시 이혼을 선택하지는 않으며, 서로 참고 이해하며 사는 부부가 더 많다. 만일 그런 객관적인 사정만으로 타인이 이혼 의사를 추정하거나 결정할 수 있다면 우리의 가정 중 이혼에서 자유로울 수 있는 가정이 몇이나 될지 알 수 없는 일이다.

성년후견, 가업승계 분쟁의 새로운 트렌드

연평균 매출액 7,000억 원가량의 중견기업인 주식회사 갑의 대표이사 A 씨(남자)는 슬하에 2남 2녀를 두고 있다. 80대 후반인 A 씨는 2015년경부터 치매 관련 치료를 받고 있었는데, A 씨의 정신적 상태와 병세가 심상치 않다는 것을 알아차린 차남 C 씨가 느닷없이 A 씨의 집에 들어와 살면서 주식회사 갑의 실질적인 대표 행세를 하기 시작했다. A 씨는 계열사 중 일부 주식을 장남 B 씨와 차남 C 씨에게 나누어 물려주었다. 하지만 모기업인 주식회사 갑 등 주요 회사에 대한 후계 구도 정리는 이루어지지 않은 상태였다.

장남 B 씨와 딸들은 A 씨에 대한 성년후견 재판을 신청하면서, A 씨가 치매로 정상적인 의사소통과 판단이 불가능한 상태인데 차남 C 씨가 가족은 물론 회사 직원의 출입과 면접을 막은 채 자의적으로 회사를 운영하면서 A 씨의 주식과 재산을 마음대로 처분하고 있다고 주장했다. 이에 대해 차남 C 씨는 A 씨가 기억력이 다소 감퇴하였을 뿐 후계자 선택이나 회사 대표이사 직무를 수행하는 데는 아무런 문제가 없다고 주장했다. 나아가 C 씨가 아버지의 뜻이라고 하면서 주식회사 갑의 대표이사를 자신으로 선임하는 이사회와 주주총회를 A 씨 이름으로 소집·통보하면서 분쟁이 본격화되었다. 설상가상으로 양측은 자신들이 A 씨를 모셔야 한다고 주장하며 A 씨의 신병을 두고 물리적으로 충돌했고 서로를 형사고소하기에 이르렀다.

성년후견 재판에서의 첫 번째 쟁점은 A 씨에게 성년후견이 개시될 것인지 여부였다. 그런데 이 문제에서는 A 씨가 C 씨를 차기 대표이사로 지명할 당시 A 씨가 올바른 정신상태였는지가 관건이었다. 결국 성년후견 재판이 가업승계를 둘러싼 회사 경영권의 향배를 가르는 중요한 분쟁이 되었다.

앞서 살펴본 것처럼 가업승계에서 가장 많이 일어나는 분쟁은 상속재산이나 세금과 관련된 분쟁이다. 사례와 같이 오너의 건강 상태 특히 정신건강과 관련된 리스크는 가업승계 분쟁의 새로운 경향이라고 할 수 있다. 오너에 대한 후견이 시작되기 전에는 오너의 정신적 제약 상태를 이용하여 그 의사를 왜곡하거나 학습된 의사를 진정한 의사로 둔갑시켜 자신의 이득을 취하려는 시도가 나타난다. 사례와 같이 오너의 의사라는 명분하에 일부 자녀나 제3자가 경영권, 주식, 재산 등을 무단으로 처분하는 것이 대표적이다. 후견 재판 과정에서는 후견개시가 필요한지, 누가 후견인이 될 것인지라는 쟁점에 대해 대립하게 된다. 후견이 개시된 후에도 오너가 보유한 주주권의 행사 방법, 증여나 유언 여부, 거주지나 치료 방법 선택 등을 두고 다투기도 한다. 피후견인 가족들이 후견인에 대해 부당하게 영향력을 행사하거나 후견인이 피후견인인 오너의 의사와 권익을 존중하지 않는 방향으로 사무 처리를 하는 경우도 있다.

사례에서는 A 씨가 과연 정상적인 정신상태에 있는지, 회사를 경영하거나 후계를 지정할 만한 인지능력이 남아 있는지, 그리고 누가 후견인이 될 것인지에 대해 치열하게 다투었고, 결국 대법원까지 가는 공방 끝에 A 씨에게 성년후견이 개시되었다. 성년후견이 개시된 후에도 C 씨의 대표이사 선임과 관련한 이사회와 주주총회 결의에 대한 소송과 A 씨의 주식 처분행위가 유효한지에 대한 소송이 지루하게 계속되었고, A 씨의 주거지 선택과 치료 방법 결정 등의 문제에 대해서도 사사건건 양쪽 가족의 다툼이 이어졌다. 이러한 다툼은 A 씨가 사망한 후에는 상속재산 분쟁으로 이어질 것임이 분명하다.

사례와 같은 분쟁을 방지하기 위해서는 미리미리 가업승계를 완료해 두거나 후계자와 승계 방법, 절차 등을 미리 확정·공표함으로써 미연에 다툼의 여지를 줄이는 것이 좋다. 여의찮다면 후견계약이나 위임계약 등을 미리 명확하게 체결해 둘 필요가 있다.

남편이 재산을 탕진하고 있어요

과거 금치산·한정치산제도는 집안의 재산과 거래의 안전을 지키는 데는 일정 부분 기여했지만 정작 도움을 받아야 할 본인을 위한 제도는 아니었다. 예전 민법이 한정치산자의 예로 '낭비자'를 든 것이 그 방증이다. 집안의 가산을 축내는 구성원이 있다면, 행위능력을 박탈해서라도 그러한 낭비를 막아야 한다는 생각이었을 것이다. 그 사람의 장애 정도나 개인적인 선호, 의사결정 능력에는 관심이 없었다.

이제는 정신적으로 문제가 있는 사람도 남아 있는 능력의 범위 내에서 스스로 무엇인가를 결정하면서 사회의 일원으로 살아갈 수 있어야 하고, 그들을 사회에서 일률적으로 배제해서는 안 된다는 생각이 공감을 얻고 있다. 하지만 집안의 재산을 마구잡이로 축내고 낭비하는 사람은 지금도 있다. 그렇다면 본인의 낭비벽으로 인해 가정을 위태롭게 하는 사람에 대한 성년후견제도의 태도는 어떨까?

A 씨(1982년생, 여자)는 슬하에 딸 하나를 둔 전업주부이다. 대전에서 전문대학을 졸업하고 서울로 이사한 후부터는 육아에만 전념했다. 전업주부가 되고는 폭식하는 횟수가 늘어나더니 2년 전부터는 홈쇼핑으로 일주일에 30회나 물건을 사고, 백화점에서 한 달에 적게는 400만 원에서 많게는 5,000만 원이 넘는 돈을 쓰기 시작했다. A 씨는 자신의 소비가 심각한 수준이라는 것을 알게 된 남편에게, 필요 없는 물건을 마구 사지 않겠다는 각서를 여러 번 쓰기도 했다. 하지만 그것도 잠시뿐 그녀의 쇼핑중독과 낭비벽은 심해져만 갔다. 급기야 남편 몰래 고리로 사채를 빌려 쓰고 이른바 카드깡, 핸드폰 깡 등으로 간신히 돌려막기를 하다가 결국에는 전세금을 모두 날리고도 한참 모자랄 지경에 이르자 친정으로 도망쳐 버렸다. 친정 부모에게 호된 질책을 받은 후 빚 갚을 돈 얼마간을 받아 들고 약 두 달 만에 집으로 돌아온 A 씨는 남편에게 백배사죄하고 간신히 용서를 받았다. 하지만 두 달도 지나지 않아 매일 아침 아이를 유치원에 보낸 후 다시 백화점으로 향하고 있다.

B 씨(1975년생, 남자)는 서울 시내 명문대학교와 대학원을 나왔고 슬하에 1남 1녀를 두었다. B 씨는 큰 사업을 하는 아버지 덕분에 유복한 생활을 했다. 결혼 후에도 특별한 직업을 가지지 않고 아버지에게 물려받은 성수동 건물과 양재동 상가, 한남동 주택과 남양주 토지에서 나오는 수익으로 살고 있었다. 그런데 3년 전부

터는 클럽에 가야 한다면서 밤늦게 돌아다니고 잠은 2시간 정도만 자기 시작했다. 난폭 운전으로 시비가 붙기도 하고 여자 치마 속을 핸드폰으로 촬영하는 등 이상행동을 하는 일이 잦아졌다. 주위 사람들에게 자신이 미국에서 큰 사업을 하는 사람이라고 거짓말을 하기도 하고 술집에서 만난 여자에게 스폰서를 한다면서 강남에 있는 아파트와 고급 승용차, 고액의 생활비를 대주는 일까지 생겼다. 가족의 권유로 정신과 치료를 잠깐 받은 적도 있었지만 이내 치료를 거부하면서 지금은 집을 나가 홀로 지내고 있다. 물려받은 재산이 상당했지만 그중 일부는 이미 팔아서 없어졌다. 이제는 남은 재산을 담보로 빚을 늘려가며 고가의 자동차 리스 비용과 유흥비, 자신과 술집 여성의 생활비, 대부업체 이자 등을 감당하고 있다.

과거 민법에서 한정치산자의 예로 든 '낭비자'는 전후 사정에 대한 고려 없이 재산을 탕진하는 습성이 있어서 자기나 가족의 생계를 어렵게 할 염려가 있는 사람을 말했다. 낭비의 정도는 그 사람의 지위나 재산 규모에 따라 개별적으로 고려되지만, 반드시 비도덕적인 목적에 소비하는 것만이 낭비는 아니었다. 교육·종교·자선 등을 위해 소비하는 경우라도 본인과 가족의 생활 상태, 재산, 지위 등에 비추어 과다한 소비로 가족의 생계를 위태롭게 하면 낭비가 될 수 있었다.

A씨와 B씨는 예전 민법에 의하면 낭비자로서 한정치산선고를 받을 가능성이 높다. 한정치산선고를 받으면 후견인이 동의해 주

지 않는 한 단독으로 물건을 사거나 돈을 빌리는 등의 법률행위를 할 수 없고, 동의 없이 한 낭비자의 행위는 후견인이 나중에라도 취소할 수 있었다. 이렇듯 개인의 특성을 고려하지 않고 행위 능력을 제한하는 낭비자 제도는 정신적인 문제가 있는지조차 따지지 않고 오로지 가산을 탕진했다는 이유만으로 사회에서 독자적으로 아무 일도 못 하게 하는 제도였다.

성년후견제도는 질병, 장애, 노령 등으로 인해 정신적인 문제가 생긴 경우에만 적용되는 제도이다. 따라서 집안의 재산을 탕진한다는 이유만으로는 후견이 개시될 수 없고 무분별한 재산의 낭비가 정신적인 문제로 인한 것이어야만 후견제도를 이용할 수 있다. 그래서 두 사례의 성년후견 재판에서도 정신적 문제의 유무가 주요하게 다뤄졌다.

재판정에서 A 씨는 남편과 함께 나와 눈물을 펑펑 흘리면서, 스스로를 믿을 수 없고 통제할 수도 없으므로 자신에게 법률적인 족쇄를 채워달라고 요청했다. 반면 B 씨는 자신의 정신 상태는 아무 문제가 없을 뿐만 아니라 자기 재산을 자기 마음대로 쓰는 것이 무슨 문제냐고 되물으며 아내가 이혼소송 대응으로 재산을 탈취하려는 것이라고 주장했다.

후견을 받아야 할 사람의 정신적 상태가 중증 치매나 코마 상태와 같이 명확하게 판정할 수 있는 경우가 아니라, A 씨나 B 씨처럼 정신적으로 문제가 있는지 그 여부가 불분명하거나 서로 다투어지는 경우에는 보통 정신건강의학과 전문의와 같은 전문가의 감정을 거친다. 감정 결과 A 씨는 경도의 우울증이 있는 것으로 판명되었다. 반면 B 씨는 조현병 가족력이 있었고 본인도 정신과 질환으로 병역면제를 받았으며 3주 동안 입원해 감정을 받은 결과 조울증, 즉 양극성 정동장애와 경도의 인지장애 및 사회성숙도 저하 등으로 인해 금전 관리에 필요한 사무 처리 능력이 부족하다고 진단받았다. 결국 A 씨는 남편과 함께 상담과 치료를 병행하기로 약속하는 대신 후견 신청이 취하됐고, B 씨에게는 한정후견 결정이 내려졌다.

자기와 가족의 재산을 무분별하게 탕진함으로써 가족에게 고통을 주고 생계를 위태롭게 하는 경우에는 그것만으로도 독립적인 이혼 사유가 될 여지가 있다. 하지만 단지 가족이 낭비벽이 있다는 이유만으로 모든 행위능력을 박탈하거나 이혼 대신 상대방을 지배하는 수단으로 후견제도를 이용하는 것은 허용되지 않는다.

단어 그 자체로 슬픈 이야기, 미성년후견

성년에 이른 사람은 원칙적으로 혼자서 모든 일을 유효하게 할 수 있지만, 19세가 되지 않은 미성년자는 그렇지 않다. 미성년자는 원래 부모가 법률행위를 대신 해주어야 한다. 그런데 그러한 부모가 없다면 그 미성년자의 법률행위는 누가 대신 해줄 수 있을까? 미성년자의 경우 보호와 양육의 시기를 놓치게 되면 돌이킬 수 없는 결과가 발생할 수 있다. 그래서 우리 법은 미성년후견인을 두어 부모의 역할을 대신 하도록 하고 있다. 이번에는 미성년후견 제도에 대해 자세히 알아보자.

중학교 1학년인 A군의 아버지와 어머니는 A군이 태어나자마자 이혼했다. 아버지가 A군의 친권자가 되었지만 이내 집을 나가 지금까지 연락이 되지 않는다. 그때부터 고령의 할아버지, 할머니와 함께 살게 되었다. 할아버지는 박스를 주워 하루 7,000원에서 1만5,000원 정도를 벌고, 할머니는 동사무소에서 청소를 하고 한 달에 20만 원을 받는다. 두 사람 외에 작은삼촌이 매달 20~30만 원 정도를 도와준다. 할아버지는 이렇게 마련한 돈으로 집세 20만 원을 내고 A군에게는 한 달 용돈으로 5,000원을 주고 있다. A군은 학원비가 없어서 방과 후에는 불교 학교에서 무료로 영어와 수학을 공부한다. 친어머니로부터는 이혼 후 한 번도 연락이 오지 않았는데, 정신적 문제가 있다는 이야기를 건너 들었다. A군의 형은 외할머니가 키운다고 한다. 할아버지는 친권자가 아니어서 A군의 명의로 핸드폰이나 통장도 개설할 수 없고 학교에 동의서도 제출할 수 없다. 주위에 물어보니 미성년후견인이 되면 할 수 있다고 한다.

중학교 3학년인 B양의 아버지는 집을 나가 10년째 연락이 두절되었고, 어머니는 6개월 전 뇌출혈로 쓰러진 후 식물인간 상태로 사람을 알아보지 못하고 누워 있다. B양은 외할머니와 살고 있다. 매달 기초생활수급비 80만 원에 외할머니의 노령연금 25만 원과 어르신 일자리 지원금 등 20만 원을 합해 총 125만 원의 수입이 있고, 살고 있는 연립 지하층 월세 50만 원과 어머니 병원비 40만 원을 지출하고 남은 35만 원으로 한 달을 살아간다. 그럼에도 B양은 책과 시를 좋아해 시인이 되는 것을 꿈꾼다. 그런데 엄마가 쓰러지기 전에 진 빚 4,000만 원에 대해 제2금융권이나 신용정보 회사에서 계속 독촉장과 소송 착수 예고장이 오고 있어 불안하다. 학교나 복지재단에서 B양에게 매달 지원하는 약간의 돈이 있으나 계좌의 비밀번호는 법정대리인에게만 알려준다고 한다. 이에 외할머니는 B양의 미성년후견인이 되려고 한다.

미성년자의 법률행위를 대신 할 수 있는 법정대리인은 보통 친권자이고, 친권자는 부모를 말한다. 친권親權은 부모가 미성년자를 보호하고 가르치고 양육하기 위해 가지는 신분상 및 재산상의 여러 권리를 뜻한다. 비슷한 개념으로 양육권이 있다. 양육권養育權은 원래 친권에 포함된 것이지만 이혼하는 경우에는 분리될 수 있다. 보통 교육, 의료, 거소 지정, 징계와 같이 자녀를 실제 곁에 두고 보호하는 사실상의 것은 양육권, 법정대리권과 재산에 관한 사항은 친권에 속한다고 보면 된다.

미성년후견은 그 말 자체로 슬픈 사연을 담고 있다. 친권자가 없거나 친권자가 있더라도 친권의 전부 또는 일부를 행사할 수 없는 경우, 쉽게 말해 엄마와 아빠가 없을 때 미성년후견이 이루어지기 때문이다. 미성년후견제도는 성년후견제도가 도입되기 훨씬 전부터 있었지만, 성년후견제도 도입 전이나 후나 여전히 주목받지 못하고 있다. 당사자에게 문제가 될 재산조차 없는 경우가 대부분이기 때문이다. 미성년후견을 신청하는 목적 중 많은 경우는 사망한 부모와 단절하기 위해서이다. 즉 부모가 남긴 빚을 상속받지 않으려면 상속포기나 상속한정승인 신청을 해야 하는데, 미성년자가 단독으로 하지 못하기 때문에 이를 대신 해줄 법정대리인이 필요하다.

그러면 누가 미성년후견인이 될까? 2013년 민법이 개정되기 전에는 후견인을 지정하는 유언이 없는 한 미성년자와 촌수가 가장 가까운 사람 중 나이가 많은 친척의 순서대로 정해졌다. 미성년자 본인의 생각이나 후견인이 될 친척과의 관계와 친밀도, 후견인 후보자가 될 친척의 생각이나 양육 환경은 고려될 여지가 전혀 없었다. 그러다 보니 부모 잃은 친척 아이를 돌볼 생각이나 능력이 전혀 없는 사람이 자기 뜻과 무관하게 후견인이 되는 경우가 허다했다. 그 결과 미성년자를 방치하거나 학대하기도 하고, 미성년자의 부모가 남긴 재산을 자신의 이익을 위해 마음대로 사용하기도 했다. 당시 법률에는 '친족회'라는 미성년자 친척들의 모임을 만들어 후견인이 그 미성년자를 잘 돌보는지 감독하게 했는데, 실상은 이마저도 후견인이 자기와 가까운 친척들로 구성해 버렸다. 그래서 친족회는 오히려 후견인의 악행과 배임행위에 정당성과 면죄부를 부여하는 역할로 악용되기도 했다.

문제 해결을 위해 개정된 민법에서는 후견인을 법에 정해진 순서에 따라 기계적으로 정하는 것이 아니라 미성년자의 생각이나 이익, 후견인이 될 사람의 의지와 능력, 경제력과 양육 환경, 본인과의 심리·정서적 친밀도, 양육의 일관성 및 연속성과 같은 사정을 모두 감안해 가정법원이 적당한 사람을 정하게 했다.

그런데 법원이 여러 사정을 고려해 후견인을 정하려 해도 적당한 사람이 없는 경우가 많다. 적당한 사람을 어렵게 찾았지만 정작 그 사람은 후견인이 되지 않겠다고 하는 문제가 발생하기도 한다. 미성년자의 가까운 친척, 예컨대 삼촌이나 이모라고 해도 부모를 잃고 재산도 없는 조카를 선뜻 데려다 돌보겠다고 나서기는 쉽지 않다. 보통은 비슷한 또래의 자녀를 키우고 있어서 육아에 지친 경우가 많고, 경제적인 문제나 주거의 문제, 배우자와의 갈등과 같은 현실적인 문제가 죽은 형제들에 대한 의리나 미안함을 눈감아 버리게 하곤 한다. 더구나 미성년자가 사춘기를 심하게 앓고 있다든지, 부모를 잃은 심리적 부담을 이겨내지 못하고 방황하고 있다면 더욱 곤란해진다. 어쩔 수 없이 나이가 많고 경제적으로 어려운 조부모가 후견인이 될 수밖에 없다.

한편 후견인 중에는 미성년자가 부모로부터 상속받은 재산을 관리해 준다면서 그 재산을 자신의 이름으로 바꾸거나 마음대로 쓰는 경우가 종종 있다. 재판장으로 일하던 당시 이런 사건을 발견하고 미성년자의 이모인 후견인을 추궁하자, "오갈 데 없는 아이를 데리고 있는 것만으로도 고마워해야지 그깟 돈 조금 쓴 거가지고 너무 빡빡하게 구는 것 아니냐. 아이에게 들어가는 돈이 얼마인지 아느냐?"라며 도리어 따져 묻기도 했다. 검찰에 고발해 변명이 맞는지 확인해 보겠다고 하자 그제야 후견인은 꼬리를 내리더니 2주 이내에 2억 원에 가까운 돈을 다시 미성년자의 계좌로 돌려주었고, 직접 그 통장 잔액을 미성년자에게 알려주며 사과했다.

미성년후견의 본질적인 사명은 미성년자가 성년이 될 때까지 안전하게 성장할 수 있도록 양육하고 보호하는 것이다. 그래서 그런 임무를 잘 수행할 수 있는 적합한 후견인 선정도 중요하지만, 그 후견인이 미성년자를 잘 돌보고 있는지 지속적으로 점검하고 살펴보는 것도 못지않게 중요하다. 이러한 과정을 '후견감독'이라고 한다.

친권자나 친족, 후견인과 같은 보호자에 의한 아동학대나 성범죄, 유기치사와 살인 같은 범죄가 급증하고 있는 요즈음, 친권자가 없는 미성년자에 대한 후견감독의 중요성은 아무리 강조해도 지나치지 않다. 미성년자의 경우 적절한 시기에 양육과 보살핌이 이루어져야 하고 지속적인 확인과 즉각적인 개입이 필요하다. 그렇지 못할 경우 치명적인 결과를 가져올 수 있기 때문이다.

또한 미성년자가 부모의 자살 현장을 목격하는 등 심리적, 정서적으로 큰 충격을 받았다면 신속하게 심리적 개입이 이뤄져야 한다. 그런데 정작 미성년자의 보호자인 후견인, 특히 노령의 후견인은 여러 이유로 이를 제때 알아채지 못한다. 알아도 대수롭지 않은 일로 여기거나 어떻게 할 방법이 없는 경우도 많다.

첫 번째 사례의 재판을 맡았을 때 재판정에서 이 부분에 대해 A군의 할아버지에게 물어본 적이 있다. "A군은 요즘 잘 지내고 있는지요? 우울해하거나 소극적이지는 않나요? 심리적으로나 정서적으로 어려운 점은 없나요?" 이에 할아버지는 대답했다. "우리 아이는 아무 문제 없어요! 씩씩해서 아빠가 죽었다거나 엄마가 없다는 티를 전혀 안 냅니다." 정말 A군에게는 아무 문제가 없었을까. 할아버지에게조차 알리지 못하고 매일매일 눈물을 삼키며 참아내고 있는 아픔이 있진 않았을까. 그 어린아이의 마음에 얼마나 큰 구멍이 나 있었을까.

후견감독 과정에서 A 군과 같이 심리적 개입이 시급한데도 심리상담을 받을 돈이 없거나 돈이 있어도 받을 여건이 안 되는 사례가 종종 발견된다. 그래서 당시 서울가정법원에서는 심리상담사를 미성년자의 집에 방문하게 해 상담을 제공하고 법원이 그 비용을 부담하도록 하는 '찾아가는 심리상담 서비스'를 마련했다. 그 결과 폐지를 줍느라 상담사를 찾을 수 없는 할아버지를 대신해 A 군에게도 심리상담 서비스를 제공할 수 있었다.

　후견감독 조사관이 나중에 B 양의 집을 찾아가 양육 상황을 살펴봤더니 B 양의 미성년후견인인 외할머니는 아이가 요즘 학교에 가기 싫다고 하면서 학교생활에 적응하지 못하고 화장실에서 수도를 계속 틀어놓는 등 정신적으로 불안정해 정신과 약을 복용하고 있다고 했다. 또 할머니에게는 B 양의 어머니가 진 카드빚 4,000만 원을 갚으라고 협박하는 전화가 계속 온다고 했다. 조사관은 사회복지서비스 지원을 연계해 B 양의 어머니 병원비 문제에 도움을 받게 하고 B 양에게는 복지관에서 미술 치료와 작문 수업을 받게 해 B 양이 시인의 꿈을 이룰 수 있도록 지원하고 있다고 한다.

　간혹 미성년후견 재판에 나온 아이들은 무거운 재판정 분위기 탓에 자신이 무언가 잘못하거나 부족해서 이곳에 있는 듯이 주눅 들어 있곤 했다. 재판장 시절 그런 아이들을 법대法臺 위로 올라오게 해서 법복을 입혀주고 후견인이 될 할아버지나 할머니와 함께 사진을 찍어주기도 했다. 법정 경험이 신나는 '법원 견학'으로 남길 바라는 마음에서였다. 아무 잘못도 없는 아이들에게 마음의 짐을 주지 않기 위해 우리 사회가 미성년후견제도에 대해 더 많은 관심을 가져야만 한다. 또한 그에 맞춰 후견제도 역시 보완과 개선을 멈추지 않아야 할 것이다.

엄마 말고 고모랑 살고 싶어요

중학교 3학년 A 양의 부모는 A 양이 3세 때인 2010년 협의상 이혼을 했고 친권자 및 양육자로는 A 양의 아버지가 지정되었다. 그런데 A 양의 아버지는 2021년경 어떤 여성과 경남에 있는 모텔에서 동거하다가 동거녀를 살해한 후 자살했다. A 양은 부모가 이혼한 후로 친할아버지, 친할머니와 경북 청도에서 함께 살면서 초등학교에 다녔다. 초등학교 3학년 쯤에는 경기도에 있는 고모 C 씨의 집에서 살게 되었는데, 주중에는 C 씨와 함께 지내고 주말에는 할아버지, 할머니가 C 씨의 집으로 와서 함께 지냈다.

A 양의 어머니 B 씨는 2011년에 재혼했고 그 사이에 자녀는 없다. B 씨는 12년 동안 A 양을 만나지 못하다가 아버지가 죽은 다음에야 연락이 되어 만나기 시작했다. B 씨는 고모 C 씨로부터 A 양 아버지의 장례식에 참석해 달라는 요청을 받았으나 참석하지 않았다. 한편 C 씨는 A 양의 법정대리인이 없어서 상속 등의 법률문

제를 처리할 수 없게 되자 B 씨에게 자신을 후견인으로 지정해 달라고 했다. 그러나 B 씨는 그 요청을 거절하고 가정법원에 자신을 친권자로 지정해 달라는 청구를 한다. 이에 대해 C 씨는 지금까지 10여 년 동안 자신이 A 양의 주된 양육자였고 A 양의 조부모가 보조양육자였기 때문에 C 씨 자신이 미성년후견인이 되어야 한다고 주장했다.

아버지가 A 양에게 남기고 간 상속재산은 경기도에 있는 시가 2억 원가량의 주택, 상조회 부의금 1억 7,000만 원, 퇴직금 5,000만 원, 유족연금 월 50만 원 정도가 있었다. 어머니 B 씨는 시가 약 5억 원의 아파트에 살고 있으며, 건설업을 하는 재혼 배우자의 재산을 더해 20억 원 정도의 재산을 보유 중이다. A 양은 누구와 함께 사는 것이 바람직하고 누가 A 양의 법정대리인이 되어야 할까?

부모가 이혼할 때 미성년 자녀가 있으면 그 친권과 양육권을 행사할 사람을 부부가 협의해 정하고 협의가 이루어지지 않으면 가정법원이 정한다. 친권과 양육권을 부모 양쪽이 공동으로 가지는 것으로 정할 수도 있지만 가정법원은 보통 한쪽 부모가 단독으로 친권과 양육권을 행사하도록 정한다. 공동으로 가지게 되면 양육과 관련한 사소한 것에서부터 의견 충돌과 분쟁이 끊임없이 이어져, 미성년자에게 긴급하고 중요한 조치를 제때 못 하는 일이 생길 수 있기 때문이다.

A 양의 경우 부모가 이혼하면서 아버지가 단독으로 친권과 양

육권을 가지게 되었다. A 양의 친가 쪽에서는 B 씨의 외도가 이혼 사유가 된 것으로 의심하고 있고, 그래서 B 씨가 친권을 포기했다고 주장한다. 그러나 B 씨는 A 양의 아버지가 A 양을 절대로 포기할 수 없다고 하면서 A 양을 잘 키우겠다고 다짐해서 어쩔 수 없이 양보한 것이라고 말한다.

그런데 A 양의 아버지와 같은 단독 친권자가 사망했을 때 미성년자의 법률상 대리인은 누가 될까? 2013년 7월 이전에는 단독 친권자로 지정된 한쪽 부모가 사망한 경우 살아 있는 다른 쪽 부모의 친권이 저절로 되살아났다. 그러나 구체적인 사정을 고려하지 않은 채 당연히 친권이 부활하도록 하면 미성년자의 생각이나 행복, 이익에 반하는 결과를 낳을 수 있다는 비판이 있었다.

1990년대와 2000년대 초 톱 탤런트로 활약했던 최진실 씨가 사망한 후에 그녀의 재산을 모두 상속한 자녀들의 친권이 이혼한 전 남편 고 조성민 씨에게 귀속되는 것을 두고 논란이 되면서 민법이 개정되었다. 이른바 '최진실법'이라고 불리는 이 부분 개정 법률에 따르면 단독으로 친권을 행사하던 한쪽 부모가 사망하면 다른 쪽 생존 부모의 친권이 당연히 부활하는 것이 아니라, 가정법원이 미성년자의 복리에 관한 여러 사정을 심리한 후에 그 부모를 친권자로 지정할 수 있고, 아니면 친권자를 지정하지 않고 바로 미성년후견인을 지정할 수 있도록 했다.

A 양의 경우에도 친권자인 아버지가 사망했을 때 어머니인 B 씨의 친권이 당연히 부활한 것은 아니다. 그래서 B 씨는 자신을 A 양

의 친권자로 지정해 달라는 청구를 했고, 고모인 C 씨와 조부모
는 A 양의 고모를 미성년후견인으로 선정해 달라고 한 것이다. 그
러면 미성년자의 단독 친권자가 사망한 경우 생존 부모를 친권자
로 지정할지 미성년후견인을 선정할지를 결정하는 기준은 무엇
일까?

가장 중요한 요소는 물론 미성년자 본인의 생각과 복리이다. 즉
미성년자의 성별, 연령과 친권자에 대한 생각, 심신 발달 상황, 기
존 환경에의 적응 상황과 환경 변화에 대한 적응 가능성, 친권자
또는 미성년후견인 후보자와의 친밀도와 정서적 애착 관계 등이
중요한 기준이 된다. 아울러 친권자 또는 미성년후견인이 될 사람
의 심리·신체적 건강 상태, 재산과 직업, 소득과 같은 경제적 여
건, 거주 및 교육 환경, 미성년자에 대한 애정의 정도와 양육 의사,
보조양육자의 존재 여부와 다른 가족의 원조 가능성, 제공하려는
양육의 내용과 합리성 등을 두루 살피게 된다.

B 씨는 고모인 C 씨가 이 사건 청구를 한 이후부터 A 양과의 접
촉을 막으면서 A 양에게 "엄마는 바람이 나서 집을 나간 것이며,
널 사랑하지 않아서 지금까지 찾아오지 않았다. 아빠가 남긴 돈
때문에 너를 찾아온 나쁜 사람이다"라는 왜곡된 정보를 반복해서
주입했다고 주장했다. 또한 B 씨 자신과 현재 배우자는 경제적으
로 안정되어 있기 때문에 A 양을 양육하는 데 아무런 어려움이 없
고, A 양이 아버지로부터 상속받은 재산은 모두 신탁해서 A 양이
성년이 될 때까지 누구도 마음대로 처분하지 못하게 하겠다고 약

속했다. 무엇보다 생모인 B 씨 자신이 키우는 것이 A 양의 신체적, 정서적, 심리적 발달에 더 좋다고도 주장했다.

그러나 법원은 A 양이 중학교 3학년으로서 자신의 생각을 어느 정도 명확하게 결정하고 표현할 수 있는 연령에 있다고 전제했다. 그런 A 양이 정서적 유대감이나 애착 관계가 떨어지는 B 씨와 그 배우자가 너무 낯설고 불편할 것 같아 같이 살기 싫고, 예전처럼 고모 C 씨, 할아버지, 할머니와 사는 것이 좋겠다는 의사를 단호하고 명백하게 표현했다는 점과, 그 밖에 C 씨의 현재 양육 환경이나 경제적 상황이 그리 나쁘지 않고 조부모가 보조양육자로서 심리적, 정서적 지지가 되고 있다는 이유를 들어 법원은 B 씨를 친권자로 지정하지 않고 고모 C 씨를 미성년후견인으로 지정했다.

어릴 때부터 함께 살아온 고모와 할아버지, 할머니와 계속 살 것인지 아니면 친어머니와 지금까지 나누지 못한 사랑을 마음껏 나누면서 새로운 삶을 살아갈 것인지를 결정하는 것은 결코 쉬운 일이 아니다. 미성년자 본인에게도 어렵겠지만 이를 결정해야 하는 판사에게는 더욱 어렵다. 나 역시 이혼 시의 친권자, 양육자 결정 재판을 할 때면 밤잠을 이루지 못하고 고민하곤 했다. 결국은 미성년자 본인의 생각이 어떠한지, 어떻게 해야 본인이 가장 행복하게 살아갈 수 있을지가 기준이 될 수밖에 없다. 미성년자를 위한다는 명분으로 자신의 그릇된 욕심을 채우고자 하는 어른들이 있는지 지혜롭게 분별해 내야 한다. 이와 같은 문제를 겪고 있다면 다른 목적은 접어두고 부모의 이혼이나 죽음으로 상처받은 자녀가 더 이상 고통받지 않고 잘 성장해 나갈 방법이 무엇인지만을 고민했으면 한다.

공공후견, 정신장애인의 마지막 사회적 안전망

우리 사회의 고령 인구 중 사회적, 경제적으로 가장 취약한 집단은 혼자 사는 노인들이다. 치매나 만성질환까지 있다면 기본적인 일상생활도 영위하기가 쉽지 않다. 기초생활수급비와 장애인수당을 다른 누군가에게 빼앗기고 사는 경우도 많다. 그럼에도 자기의 수입이 얼마인지, 얼마를 빼앗기고 있는지조차 모른 채 간신히 목숨만 부지하고 있는 이들도 다수이다.

이들뿐만 아니라 부모가 연로하거나 사망했지만 대신 돌볼 친척이나 남겨진 재산이 없는 저소득층 발달장애인, 오랜 기간 정신병원에 격리되어 가족도 등을 돌리고 자신의 이름으로 된 재산도 없는 조현병 환자, 가족은 물론 가까운 친척도 없는데 갑작스러운 뇌출혈로 인지능력은 물론 직장과 재산까지 모두 잃어버린 사람은 어떻게 해야 할 것인가.

성년후견과 관련해 앞서 살펴본 사례는 대부분 정신적으로 어려움을 겪는 노인의 재산을 조금이라도 더 갖기 위해 가족들이 아귀다툼하는 경우였다. 언론에서도 주로 기업 총수와 같은 재산 이 많은 사람을 둘러싼 다툼에 집중한다. 하지만 성년후견제도는 그 반대의 경우에 더 절실하게 필요한 제도이다. 돌봐줄 사람이 없고 제3자에게 의지하려 해도 비용을 지급할 수 없는 이들이 훨 씬 많이 있다. 이처럼 보호의 사각지대에 있는 무의탁 노인과 인 지장애인도 성년후견을 이용할 수 있도록 국가가 지원하는 제도 가 공공후견제도이다. 구체적으로는 성년후견이 필요한 장애인 등 사회적 약자에 대해 정부나 지방자치단체가 직접 법원에 성년 후견을 신청하거나, 그 신청 비용이나 후견인 보수를 부담하는 형 태로 이루어진다. 현재는 주로 발달장애인과 일정한 범위 내에서 치매로 인해 정신적 제약이 있는 사람들을 대상으로 시행되고 있 다. 사례를 보자.

A씨(1944년생, 여자)는 1966년 남편과 결혼했지만 7년이 안 돼 이혼했고 그 뒤로는 재혼하지 않고 홀로 살았다. 2010년에 치매 진단을 받았고 이후로 계속 치매약을 복용했다. 그런데 최근 치매 가 중증으로 진행되면서 "밥 줘", "TV 꺼줘"와 같이 자신이 원하 는 것만 간단히 표현할 뿐 방금 한 일도 기억하지 못하고 자신의 요양보호사도 알아보지 못한다. 간혹 공격적으로 행동하기도 하 며 심지어 자신의 대소변을 손으로 만지고 그 손으로 눈을 비비 는 등 이상행동까지 보인다.

A씨는 현재 서울 중랑구에 있는 반지하 방에서 살고 있다. 재

산으로는 임차보증금 4,000만 원과 예금 700만 원이 있다. 매달 기초생활수급비 21만 원, 노인 기초연금 30만 원, 주거급여 23만 원 등 총 74만 원을 받는다. 왕래하는 가족은 없다. 가족관계증명서를 보면 A 씨에게 딸이 하나 있다고 나오지만 친딸이 아니다. 남편이 다른 여자와 아이를 낳고 출생신고 시 A 씨를 생모로 기재하는 바람에 친딸로 등재되었을 뿐 정작 A 씨는 그녀를 실제로 본 적도 없고 연락도 닿지 않는다. A 씨의 부모와 큰오빠는 오래전 사망했고 작은오빠와 조카들이 있지만 왕래는커녕 연락처조차 알지 못한다.

중랑구청 소속 복지 담당 공무원은 A 씨에 대한 사례관리를 해오다가 이상한 점을 발견했다. 반지하 방의 임대인 B 씨(1955년생, 여자)가 A 씨의 보호자 또는 지원자를 자처하면서 A 씨를 돌본다는 말을 들은 적이 있었는데, A 씨의 통장을 확인해 보니 6개월 전 400만 원이 인출되었고, 새로이 매달 35만 원과 은행 이자까지 출금되고 있었다. 이에 대해 B 씨는 A 씨의 부탁을 받아 통장을 관리하고 있으며 400만 원은 자신이 A 씨에게 이자 없이 빌린 것이라 주장했다. 또한 A 씨를 돌봐주는 대가로 매달 35만 원씩 받기로 약속했다고 설명했다. 그런데 B 씨가 얼마 전 임대보증금을 2,000만 원에서 4,000만 원으로 올리면서, A 씨 이름으로 은행에서 대출받은 1,500만 원과 A 씨 계좌에 있던 예금 500만 원으로 임대보증금 증액분 2,000만 원을 충당한 것으로 드러났다. 게다가 A 씨를 은행에 데리고 가 대출을 받은 후 대출금을 바로 B 씨 자신의 통장에 입금했다고 한다.

공무원이 이를 지적하며 대여금 반환 소송, 성년후견 신청과 형사고소 가능성을 시사하자 B 씨는 마지못해 대여금 400만 원을 갚고 임대보증금 중 1,500만 원을 반환했으며 대출금도 변제했다. 하지만 B 씨는 대신 월세 25만 원을 받아야겠다고 주장했다. 그렇게 되면 A 씨는 매달 74만 원의 수입 중 B 씨에게 월세 25만 원과 돌봄 비용 35만 원을 합쳐 총 60만 원을 지급하고 남은 14만 원으로 살아가야 한다.

이후로 B 씨는 요양보호사가 출근하면 옆에서 사사건건 지시하고 지적하면서 괴롭혔고, 복지팀에서 A 씨를 노인 의료복지시설에 보내려고 하자 강하게 반대하면서 방해하고 있다. A 씨의 주거 환경은 매우 열악해 건강이 날로 나빠지고 있지만 적절한 치료도 받지 못하는 상황이다.

다행히 후견으로 사회공헌 사업을 하는 모 공익법인에서 나섰다. 공익법인은 먼저 법인 비용으로 A 씨에 대한 성년후견 신청을 하면서, 결정이 내려지기 전까지 임시로 A 씨를 위해 후견 업무를 해줄 임시후견인을 지정해 달라고 신청했다. 임시후견인의 권한은 A 씨의 주거 안정과 적절한 치료 제공, 임대인 B 씨에 대한 차용금 및 대출금 관련 고발, 임대차 계약 변경, 보호비 약정 변경 등이고 임시후견인의 보수는 국가가 부담하기로 정해졌다.

법원의 결정에 따라 선정된 임시후견인이 소송과 고발 등의 절차를 시작하자 B 씨는 마지못해 임대차 계약을 종료하자면서 보증금을 모두 반환해 주었다. 결국 A 씨는 복지팀의 도움 아래 요양원에 입소했고, 사회복지사가 후견인으로 선임되어 A 씨의 재산과 신상에 관한 전반적인 사무를 지원하게 되었다. 이제야 안락한 환경에서 제대로 된 의료, 복지 서비스를 받게 되나 했는데 A 씨는 요양원 입소 후 얼마 지나지 않아 사망했다.

앞서 말한 것처럼 지금 가장 관심을 받아야 할 영역은 공공후견이다. 가족이 해체되고 혼자 지내는 노령 인구는 늘어만 가고 있다. 도울 사람이 없는 이들에게 생존마저 빼앗으려 하는 악한들이 기웃거린다. 비단 노인만의 이야기가 아니다. 우리 주변에는 발달장애, 뇌병변, 정신질환 등으로 인지장애를 겪는 저소득층 장애인이 많다. 이제는 치매뿐만 아니라 다양한 원인에 의해 정신적 어려움을 겪고 있는 모든 저소득층 장애인에게도 공공후견이 시행되어야 한다.

현재 공공후견은 담당하는 기관과 기능이 나누어져 있고, 기관별로 입장이 달라 보호가 필요한 사람들에게 충분한 서비스를 제공하지 못하고 있다. 따라서 지방자치단체, 보건복지부, 법무부, 법원, 사회단체 등 모든 유관기관의 역량과 자원을 하나로 모아 공공후견을 통일적이고 체계적으로 관리하고 지원하는 기관을 만들 필요가 있다.

또한 우리 법은 신청해야만 성년후견제도를 이용할 수 있도록 규정하고 있다. 그래서 도움이 필요한 사람에게 후견을 신청해 줄 가족이나 가까운 친척이 없으면 애당초 제도를 이용할 수 없다.

이러한 문제를 해결하기 위해 검사가 범죄를 수사하는 과정에서나 지방자치단체가 복지업무를 하는 과정에서 도움이 필요한 사람을 파악한 경우 이들이 성년후견을 신청할 수 있도록 정해두었다. 그러나 여러 이유로 활발하게 이루어지지 않고 있다. 성년후견 신청 권한을 가진 지방자치단체와 검찰에서 보다 적극적으로 나설 수 있도록 제도적 보완이 필요하다.

대한민국 헌법은 정신장애가 있는 사람을 포함한 사회적 약자를 돌보고 보호하는 것이 국가와 사회의 의무임을 천명하고 있다. 정신적 어려움을 겪고 있는 모든 저소득층 장애인이 공공후견을 통해 자신의 뜻을 펼치고 행복하고 안전하게 인간다운 삶을 살아갈 수 있도록 모두가 힘을 합해야 할 때이다.

성년후견

장애, 질병, 노령 등에 의한 정신적 장애로 인해 혼자서는 자신의 사무를 처리할 능력이 없거나 부족한 사람들을 대상으로 그 사람을 도와줄 후견인을 선임하는 제도이다. 피후견인이 도움을 받는 사무에는 재산에 관한 것도 있지만, 거주지와 치료 방법, 사회복지서비스의 선택이나 전화나 우편 수령, 타인과의 면접 등을 결정하는 신변에 관한 것도 있다.

성년후견의 종류

성년후견	- - - - - - - - -	혼자서는 거의 사무를 처리하지 못할 정도로 중한 경우에 이용.
한정후견	- - - - - - - - -	일정한 몇몇 사무에 한해 후견인의 도움을 받아 처리해야 하는 경우에 이용.
특정후견	- - - - - - - - -	특정한 사무에 대해서만 지원을 받아야 하는 경우에 이용.
임의후견	- - - - - - - - -	정신적인 문제가 생기기 전에 계약을 통해 후견의 내용을 미리 정해두고자 할 때 이용.

• 후견인은 가족 중 피후견인을 가장 잘 돌볼 수 있는 사람이 선임되는 경우가 일반적이다. 가까운 가족이 서로 후견인이 되겠다고 하거나 후견인이 되지 않겠다고 하는 경우에는 변호사나 법무사, 사회복지사와 같은 제3자가 선임될 수 있다.

미성년후견과 공공후견

- **미성년후견이란?**
  미성년자에게 친권자가 없거나 친권자가 법률행위의 대리권과 재산관리권을 행사할 수 없는 경우 후견인을 두는 제도.

- **공공후견이란?**
  성년후견이 필요한 장애인 등 사회적 약자를 대상으로 정부나 지방자치단체가 성년후견인 이용을 지원하는 제도. 현재는 발달장애인, 치매 등을 앓고 있는 사람 중 자력으로 후견인을 선임하기 어려운 경우에 실시된다.

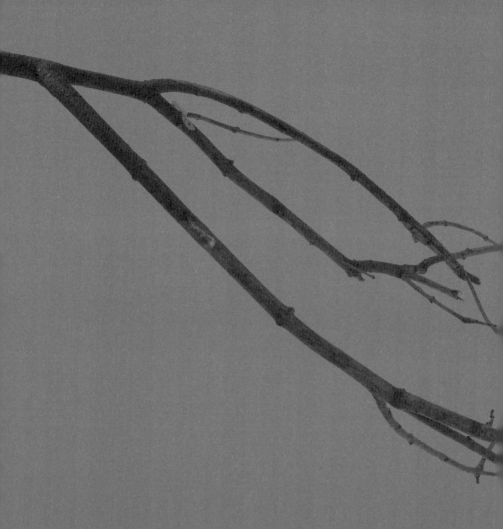

가족의 무게
―가족과 부양

5

가족이란 무엇인가?

'가족' 하면 떠오르는 모습을 상상해 보자. 보통은 거실에 부부와 자녀, 가끔은 조부모까지 둘러앉아 이야기를 나누고 오손도손 살아가는 모습을 떠올릴 것이다. 오늘날 가족의 범위와 개념은 다양한 형태로 변화하고 있지만, 서로 사랑하고 의지하며 때로는 다툴지라도 결국 아끼고 보듬어 주는 안식처와 같은 관계라는 사실은 변하지 않는다. 가족은 다른 공동체처럼 이해관계나 특별한 목적을 위해 결성된 것이 아니라 결혼이나 혈연을 통해 맺어진 공동체이다. 사회적으로는 출산과 양육을 통해서 세대를 유지·계승하는 역할을 하며 가족 구성원들 서로에게 정서적, 경제적 지지와 안정을 주는 기능을 담당해 왔다.

우리 민법이 정하는 친족과 가족 역시 그 개념이 크게 다르지 않다. 친족은 이른바 핏줄이 같은 혈족血族[1], 혼인으로 맺어진 배우자와 인척姻戚으로 구성된다. 한 사람을 중심으로 혈연이 직접적으로 이어져 있는 혈족을 직계혈족直系血族이라고 하는데, 그중에서 부모나 조부모와 같이 자신보다 항렬行列이 높은 사람은 직계존속, 자녀나 손자녀와 같이 항렬이 낮은 사람은 직계비속이다. 같은 시조始祖에서 갈라져 나온 형제자매나 삼촌, 이모, 조카 등은 방계혈족傍系血族이라고 부른다.[2] 며느리나 사위 등 직계혈족의 배우자, 시누이나 처남 등 배우자의 형제자매 그리고 그들의 배우자가 인척이다. 민법이 정하는 '가족'은 일정한 범위의 신분관계만 있으면 정해지는 친족과는 달리, 일상생활이나 생계를 함께하는 생활공동체의 구성원이라는 개념이 더해진다.

"어떻게 가족끼리 이럴 수 있어?", "가족끼리 왜 이래?"라는 말을 통해 알 수 있듯이 우리는 가족에 대해 사회적으로 또 정서적으로 기대하는 바가 있다. 가족이라면 마땅히 해야 할 것과 하지 말아야 할 것, 최소한 해야 하는 것들이 있다고 생각한다. 하지만 법률적으로 가족 사이의 권리나 의무를 포괄적이고 일반적으로 정해둔 것은 없다. 다만 부부 사이, 부모와 자녀 사이 그리고 일정

---

1 엄밀히 따지자면 혈족에도 부모와 자녀, 형제자매처럼 자연적인 혈연관계로 연결된 '자연혈족'과 그러한 혈연관계는 없지만 입양된 양자와 같이 법률에 의하여 자연혈족과 같은 관계가 인정되는 '법정혈족'이 있다. 그리고 법률상 친족관계가 인정되는 혈족은 8촌 이내로 한정된다.

2 삼촌, 사촌과 같이 친족 사이의 멀고 가까움을 나타내는 단위를 촌수寸數라고 한다. 직계혈족의 경우에는 자기로부터 직계존속이나 직계비속 사이에 이르는 대代의 수를 계산하면 되고, 방계혈족은 자신과 방계혈족의 공동 시조를 찾은 후 자신부터 공동시조까지의 대의 수와 방계혈족부터 공동시조까지의 대의 수를 더하여 계산한다. 예컨대 나와 어머니의 여동생(이모)과의 촌수를 계산한다면, 공동시조는 외할아버지이고 따라서 나와 외할아버지 사이의 대의 수인 2촌, 외할아버지와 이모 사이의 1촌을 더하여 3촌이 된다.

한 범위의 친족 사이에 서로를 부양해야 한다고 정하고 있을 뿐이다. 일정한 범위 내의 친족에 대해서는 상속권을 가지게 되고 서로 결혼하지 못하는 제한이 있으며, 일정한 친족관계에 있는 사람에 대한 범죄행위에 대해서는 살인, 상해 등과 같은 경우 가중처벌을 하거나 절도와 같은 재산범죄의 경우에는 처벌을 면하기도 한다.

이 책에서 마지막으로 살펴볼 내용은 가족의 범위와 그들 사이의 부양과 양육에 대한 문제이다. 어느 사회에나 자신의 재산이나 능력만으로는 생존조차 힘든 사람들이 있기 마련이다. 가족이나 가까운 친척 사이에서도 마찬가지이다. 그들 또한 우리가 속한 공동체의 구성원으로서 인간답게 살아갈 권리가 있다. 가족이기 때문에 우리는 누군가에 대한 부양과 양육의 책임과 권리를 가진다. 책임과 권리가 정서적 기대와 다르다고 해도 우리가 부양을 놓을 수는 없다. 가족관계가 느슨해지고 개인주의가 팽배한 오늘날, 부양 문제는 오히려 더 중요해졌다고 볼 수 있다. 물론 국가가 제공하는 공적 부양의 영역도 존재한다. 국가는 자신의 소득과 재산, 근로 능력을 활용해 최대한 노력해도 최저생활을 유지할 수 없는 국민을 돕고 있다. 그러나 국가의 공적 부양은 어디까지나 보충적인 것이다. 부양이 필요한 사람을 가족 또는 가까운 친족이 책임지게 하는 사적 부양이 부양의 기본적이고 원칙적인 형태이다.

하지만 생각해 봐야 할 부분들은 있다. 곤궁에 처한 가족과 친족을 누가 어디까지 돌봐야 하는지, 무조건적인 희생만을 요구하는 것이 가혹한 일은 아닌지 그리고 무엇을 요구할 수 있는지 등을 실제 현실을 통해 살펴보려 한다. 아울러 친권에 대한 개념도 살펴본다. 친족관계의 기초가 되는 친자관계는 법률적으로 어떻게 판명되며 어떻게 부정되는지, 유전자 검사와 인공수정이 보편화된 오늘날 문제가 되는 점은 없는지 등 가족의 탄생 조건과 우리의 의무에 대해 알아보자.

식물인간이 된 아들, 아내가 돌보아야 할까, 부모가 돌보아야 할까?

부양扶養은 생활 능력이 없는 사람의 생활을 돌보고 도와주는 것으로, 보통 두 종류로 구분한다. 먼저 부양해야 할 사람이 부양할 여력이 있는지 여부를 불문하고 부양받을 사람의 생활을 자신과 같은 수준으로 보장해야 하는 '1차적 부양의무' 또는 '생활유지적 부양의무'가 있다. 다른 하나는 부양받아야 할 사람이 재산도 없고 돈을 벌기 위해 일을 할 수도 없는 상황임을 전제로, 부양해야 할 사람이 자신의 사회적 지위에 걸맞은 생활을 유지할 정도로 생활에 여유가 있는 경우에 한하여 인정되는 '2차적 부양의무' 또는 '생활보장적 부양의무'이다.

　쉽게 말하면 부양의무자에게 당장 남아 있는 것이 밥 한 공기밖에 없더라도 그것을 부양받아야 할 사람과 나누어 먹어야 한다는 것이 1차적 부양의무이고, 내가 평소 먹는 수준으로 충분히 먹고도 남은 것이 있을 때 비로소 먹을 것이 부족한 사람에게 나누어 주어야 한다는 것이 2차적 부양의무이다. 보통 부부 사이의 부양의무와 미성년 자녀에 대한 부모의 부양의무는 1차적 부양의무에, 성년이 된 자녀와 부모 사이의 부양의무와 그 외 친족 사이의 부양의무는 2차적 부양의무에 해당한다고 본다. 부양을 받아야 할 사람은 부양의무자가 부양의무를 다하지 않을 때 부양료를 달라는 소송을 할 수 있다. 소송은 주로 부부간에 그리고 연로한 부모가 자녀에게 제기하는 경우가 많다. 그렇다면 가족 중 누군가가 식물인간이 되는 등 부양이 필요한 상태가 되었을 때 부양할 책임이 있는 사람이 여러 명 있다면 누가 부양해야 할까? 사례를 통해 알아보자.

A 씨(1974년생, 남자)와 B 씨(1973년생, 여자)는 2008년에 혼인신고를 한 부부이며 슬하에 자녀는 없다. A 씨는 2013년 교통사고로 머리뼈 골절, 뇌출혈 등의 상해를 입고 전신이 마비되어 이른바 식물인간 상태가 되었다. A 씨의 어머니인 C 씨는 교통사고 후 A 씨를 돌보면서 2017년경까지 A 씨의 병원비와 간병비로 합계 2억 원가량을 지출하게 된다. C 씨는 이 과정에서 A 씨가 가입해 두었던 보험에서 지급된 금액 8,000만 원을 수령해 병원비에 사용했다. 그리고 나서 C 씨는 며느리인 B 씨를 상대로 A 씨의 입원비, 치료비, 간병비, 약제비 등으로 지출한 돈 1억 2,000만 원을 청구하는 소송을 제기했다. C 씨는 아들인 A 씨의 치료비 등을 위해 쓴 돈을 며느리인 B 씨로부터 받을 수 있었을까?

결론은 1차적 부양의무자인 아내 B 씨와 2차적 부양의무자인 성년 자녀의 어머니 C 씨의 부양의무의 성질과 우선순위에 따라 달라질 수 있다. 1심과 2심 법원은 부부 사이의 부양의무와 부모와 성년 자녀 사이의 부양의무가 성질상 다르다고 하더라도 일단 각각 그러한 부양의무를 부담할 조건이 충족된 이상 둘 사이에 우선순위가 있는 것은 아니라고 보았다. 즉 B 씨가 A 씨의 배우자라는 이유만으로 부모인 C 씨보다 A 씨를 우선적으로 부양해야 할 의무가 있는 것은 아니기 때문에, 아들을 돌보지 않는 며느리 대신에 어머니인 C 씨가 A 씨를 부양하면서 비용을 지출했다 해도 B 씨에게 그 돈을 달라고 청구할 수는 없다고 판단한 것이다.

그런데 대법원은 다르게 보았다. 부부 사이의 부양의무와 부모의 성년 자녀에 대한 부양의무는 의무를 이행할 조건이나 정도에 차이가 있을 뿐만 아니라 의무를 이행할 우선순위에도 차이가 있다는 것이다. 따라서 1차적 부양의무자와 2차적 부양의무자가 동시에 존재하는 경우에는 1차적 부양의무자가 우선하여 부양의무를 지고, 2차적 부양의무자가 1차적 부양의무자 대신에 부양한 경우에는 그에 소요된 비용을 1차적 부양의무자에게 상환해 줄 것을 청구할 수 있다고 했다. 결국 A에 대하여 우선적으로 부양할 책임이 있는 아내 B 씨가 치료비를 부담해야 한다고 판단했다.

B 씨가 C 씨에게 지급해야 할 부양료의 범위에 대해서는 부부 사이에서 청구할 수 있는 부양료, 즉 A 씨가 B 씨에 대해 청구할 수 있는 부양료에 한정된다고 했다. 그런데 부부 사이의 부양료는 과거의 부양료에 대해서는 청구할 수 없는 것이 원칙이다. 그에

따르면 C 씨가 B 씨에게 부양료를 달라고 청구한 시점 이후부터의 부양료만 상환하면 된다. 그러나 대법원은 예외적으로 B 씨가 A 씨의 발병 초기에 잠시 A 씨를 부양한 적이 있어서 자신이 부양을 중단한 후에도 A 씨가 여전히 부양이 필요한 상태에 있으리라는 것을 잘 알고 있었고, A 씨가 의사소통이 불가능해 제때 부양료 청구를 할 수 없었던 사정을 고려해 청구 이전 과거에 지출한 부양료까지 모두 물어줘야 한다고 판단했다.

이러한 대법원의 판단에 대해 가족들 사이의 부양의무에는 본질적인 차이가 없는데도 별다른 근거 없이 친족 사이의 부양의무를 인위적으로 나누고 순위까지 매기는 것은 가뜩이나 각박한 세상을 더 삭막하게 만드는 것이어서 부적절하다는 의견도 있다. 한편 부양의무를 대법원의 판단처럼 둘로 나누더라도 어느 쪽에 해당하는지 모호한 경우가 있다는 지적도 있다. 예컨대 치매나 노령, 질병으로 거동조차 힘든 경제력 없는 노부모에 대한 성년 자녀의 부양의무나, 성년에 이르기는 했지만 학업을 마치지 못했거나 질병, 장애로 인해 도움이 필요한 이른바 미성숙 자녀에 대한 부모의 부양의무는 1차적 부양의무일까 아니면 2차적 부양의무일까? 과연 이와 같은 노부모나 미성숙 자녀에 대한 부양이 부양의무자가 자신의 사회적 지위에 걸맞은 생활을 다 하고도 여유가 있을 때만 인정되는 의무로 봐도 될까?

부양의무의 구분은 단순히 이론적 문제에 그치지 않는다. 생활이 어려운 사람에게 일정한 조건하에 최저생활을 보장하고 자활을 돕는 국민기초생활보장법이 정하는 급여, 즉 기초생활수급비 등을 공적公的 부양이라고 하는데, 이러한 공적 부양은 친족 등 부양의무자의 사적私的 부양이 불가능하거나 미흡한 경우에만 주어진다. 따라서 이를 1차적 부양의무로 보면 노부모나 미성숙 자녀는 사적 부양의무자가 존재하기 때문에 공적 부양을 받지 못하게 된다. 2차적 부양의무로 보면 노부모의 자녀 등이 경제적 여유가 없는 경우에는 사적 부양의무자가 없는 것으로 되어 공적 부양을 받을 수 있게 된다. 따라서 부양의 사각지대를 없애고 노부모나 미성숙 자녀의 생활 안정을 위해서라도 2차적 부양의무로 봐야 한다는 의견도 있다.

유학 반대한 기러기 아빠에게
부양료와 유학 비용을 청구할 수 있을까?

변호사인 A 씨(1968년생, 남자)와 가정주부인 B 씨(1967년생, 여자)는 1994년 결혼해 슬하에 딸 C 씨(1995년생)와 아들 D 씨(1997년생)를 두었다. A 씨와 B 씨는 결혼생활을 하면서 자녀들의 외국 유학과 과외비 등 교육 문제로 줄곧 갈등을 겪어왔다. 특히 자녀들의 외국 유학에 대해 B 씨는 자녀 둘 다 미국으로 유학을 보내고 자신도 뒷바라지를 위해 미국으로 가야 한다고 주장했고, A 씨는 자녀들이 모두 유학을 가면 가족이 해체될 우려가 있고, 경제적으로 지나치게 부담이 된다는 이유로 반대했다. 한참 동안을 그 문제로 다투다가 결국에는 A 씨가 딸의 유학을 허락했고, 미국으로 간 딸 C 씨의 학비와 생활비로 연간 1억 원을 지출했다. A 씨는 B 씨와 갈등을 겪던 2011년경 B 씨와 함께 살던 집에서 나와 별거하기 시작했고, 그 무렵 B 씨를 상대로 이혼 및 재산분할 등 청구소송을 제기했다. A 씨가 나머지 자녀인 아들 D 씨의 유학에 대해서는 끝까지 반대하자 B 씨는 홀로 D 씨의 유학을 추진한 끝에 2012년 아들을 미국으로 보내고 자신도 그 무렵부터 미국 체류와 한국 왕래를 반복하면서 생활비, 학비, 항공료 등으로 많은 비용을 지출했다. A 씨는 딸의 유학 비용은 모두 지원했으나 자신의 반대에도 불구하고 유학을 간 아들의 유학비와 생활비는 지원하지 않았다.

한편 A 씨의 이혼 청구는 대법원까지 가는 공방 끝에 결국 받아들여지지 않는 것으로 확정되었다. A 씨는 별거 전인 2011년경까지는 B 씨에게 생활비 등으로 매월 400만 원 내지 500만 원을 주었지만, 그 이후에는 생활비나 양육비를 일절 지급하지 않았다. B 씨는 어쩔 수 없이 보유하던 부동산과 금융자산 등을 처분해 생활비와 아들의 유학비 등으로 3억 원가량을 썼다. A 씨의 당시 재산은 약 10억 원이었고 부채도 비슷한 액수였으며, 변호사로서 과세 관청에 신고한 소득금액은 연평균 약 2억 5,000만 원이었다.

결국 부인인 B 씨는 2012년경 별거 중인 남편 A 씨에게, 자신의 생활비에 해당하는 부양료와 미성년 자녀였던 아들의 양육비를 청구하는 소송을 제기했다.

우리 민법은 "부부는 동거하며 서로 부양하고 협조하여야 한다. 부부의 공동생활에 필요한 비용은 당사자 간에 특별한 약정이 없으면 부부가 공동으로 부담한다"라고 정하고 있다. 이러한 부부 사이의 부양의무는 1차적 부양의무이므로 부부가 서로 자기의 생활을 유지하는 것과 같은 수준으로 상대방의 생활을 유지해 주는 것을 의미한다. 이를 이행하기 위해서는 자녀의 양육을 포함하는 공동생활로서의 혼인생활 비용의 분담이 필요하다. 또한 부부 사이의 보호·부양의무는 어느 한쪽에게 부양받을 필요가 생겼다면 협의나 재판이 없다고 해도 당연히 발생하는 것이다. 다만 앞서 살펴보았듯이 법원은 상대방에게 청구하기 전 과거의 부양료는 특별한 사정이 없는 한 청구할 수 없다고 본다. 부부 사이의 부양료를 정할 때는 서로의 재산 상태와 수입, 생활 정도와 경제적 능력, 사회적 지위 등에 따라 부양이 필요한 정도, 그에 따른 부양의무의 이행 정도, 혼인생활의 파탄 경위와 정도 등을 고려하게 된다. 그런데 과거의 부양료를 언제까지라도 소급해 청구할 수 있다고 하면 부양을 해야 할 사람은 자기도 모르는 사이 누적된 장기간의 과거 부양료를 일시에 부담하게 되어 가혹한 처사가 될 수 있기 때문이다.

사례에서 법원은 B 씨 자신의 생활비 등 부양료 청구에 대해 그 청구를 법원에 제기한 시점 이전의 부양료 청구는 받아들이지 않고 장래의 부양료 청구만 인정했다. 즉 A 씨는 B 씨에게 부양료 청구 시점 이후부터 A 씨와 B 씨의 혼인관계가 종료되거나 별거가 해소될 때까지 매달 50만 원의 부양료를 지급해야 하는 것으로 정해졌다.

아들의 유학비에 해당하는 양육비의 경우는 어떨까? 어떠한 사정으로 인해 부모 중 어느 한쪽만이 미성년 자녀를 양육하게 된 경우 양육하는 쪽은 상대방에 대해 과거, 현재 및 장래의 양육비

중 적정 금액을 분담해 달라고 요청할 수 있다. 사례에서와 같이 이혼하기 전이라고 하더라도 미성년자를 실제로 양육하는 사람은 그렇지 않은 다른 쪽 부모에게 양육비를 달라고 할 수 있는 것이다. 그런데 법원은 양육비의 경우에도 앞서의 부양료와 같은 이유로 그 금액을 적절히 감액할 수 있다고 본다. 이 같은 경우에 고려되는 사정은 부모 중 한쪽이 자녀를 양육하게 된 경위와 그에 소요된 비용의 액수, 그 상대방이 부양의무를 인식했는지 여부와 그 시기, 그것이 양육에 소요된 통상의 생활비인지 아니면 이례적이고 불가피하게 소요된 다액의 특별한 비용, 가령 치료비 등인지 여부, 당사자들의 재산 상황이나 경제적 능력, 부담의 형평성 등이다.

사례에서 법원은 B 씨가 A 씨의 반대에도 불구하고 D 씨의 유학을 추진했고 B 씨가 다른 자녀인 C 씨의 양육비로 상당 금액의 유학 비용을 지출했다는 사정을 고려해 B 씨가 소송을 제기하기 전의 D 씨에 대한 과거 양육비 청구는 인정하지 않았다. 결국 A 씨는 B 씨에게 양육비 청구 시점인 2012년 이후부터 D 씨가 성년에 이르기까지의 양육비[3]로 매월 200만 원을 지급하라고 했다.

이와 같은 판결이 선고되고 나서, 이 소송과 별개로 아들 D 씨는 법률상 성인이 된 후인 2017년경 아버지인 A 씨를 상대로 직접 유학 비용을 부양료로 청구했다. D 씨는 미국에 있는 대학교에

---

3 법률상 인정되는 양육비는 자녀가 미성년자인 경우에만 해당하므로 그 기간은 1997년생인 D 씨가 만 19세가 되는 2016년의 생일 전날까지가 된다.

입학했고 학비와 기숙사비로 매년 평균 8,000여만 원이 든다.

성년 자녀에 대한 부모의 부양의무는 2차적 부양의무이므로 성년의 자녀는 부양이 필요한 상태, 즉 객관적으로 봐서 생활비의 수요가 자기의 자력 또는 근로에 의해 충당할 수 없는 어려운 상태인 경우여야 한다. 나아가 이러한 부양료는 부양받을 사람의 생활 정도와 부양해야 할 사람의 자력 및 기타 여러 사정을 참작해, 부양받을 사람의 통상적인 생활에 필요한 비용의 범위로 한정되는 것이 원칙이다. 이러한 취지에서 법원은 성년 자녀인 D 씨는 통상적인 생활 필요비라고 보기 어려운 유학 비용을 충당하기 위해 아버지인 A 씨를 상대로 부양료를 청구할 수 없다고 판단했다.

파렴치한 아버지의 부양료 청구

가정법원에 접수되는 대부분의 부양료 사건은 부모가 성년 자녀들에게 자신을 부양하라고 하는 청구이다. 여기에서 부양료는 대개 경제력을 잃어버린 노령 부모의 생활비나 치료비와 같이 생존에 필요한 비용이다. 안타까운 현실이지만 우리 주변에는 부모에게 재산을 증여받은 후 나 몰라라 외면하는 자녀들이 많다. 이런 경우 부모는 자녀들을 상대로 증여 해제와 증여물 반환을 구하는 소송을 할 수 있고, 증여로 인해 생활이 힘들어졌다면 부양료 청구도 할 수 있다. 그러나 반대로 과거 자녀가 어렸을 때 양육의무를 이행하지 않았거나 심지어 폭행·학대하고, 방치하거나 유기하기까지 했던 부모가 이제 자신이 늙고 힘드니 부양료를 내놓으라고 한다면 어떨까? 이런 부모의 부양료 청구도 인정될까?

　가정법원에서 담당한 재판 중 가장 하고 싶지 않았던 것을 꼽으라면 단연 부양료 재판일 것이다. 재판정이나 조정실에 앉아 있는 부모는 부양료를 달라고 먼저 소송을 제기하기는 했지만 막상 아무 말도 하지 않는다. 반면 자녀들은 할 말이 많다. 아버지를 아버지라고 부르지 않는 경우도 흔하다. 판사 앞이라 차마 욕은 하지 못해 "저 사람", "저 여자"라고 부르기도 한다. 재판을 끝내고 법정 밖으로 나가면 부모에게 거친 욕설을 내뱉는 광경도 펼쳐진다. 어쩌면 이제 보지도 연락하지도 말자고 다짐하며 부모를 잊고 지내왔는데 법원에 와서 마주치자 다시는 떠올리기 싫은 어릴 적 기억이 생각났는지도 모른다. 그들 중에는 과거 부모에게 심한 폭행이나 학대를 당한 이들도 많을 것이다. 판사가 그래도 부모이고 병으로 일도 하지 못하고 고통받고 있으니 도와주라고 하면 대답은 대부분 이렇다. "큰애는 결혼해야 하고 작은애는 고등학생이라 형편이 어렵다. 여윳돈이 있다고 해도 저 인간에게 주느니 차라리 가난한 사람에게 기부하겠다."

문제는 부모에게 학대당하거나 버림받고 방치된 자녀라도 자기에게 부양 능력이 있고 부모가 부양이 필요한 상태에 있는 한 원칙적으로 부양책임을 면할 수는 없다는 것이다. 관련 사례를 보자.

A 씨(1948년생, 남자)는 1970년에 결혼해서 자녀로 B 씨(1971년생, 남자)와 C 씨(1974년생, 여자)를 두었다. 그런데 A 씨는 1980년경 두 명의 아들을 둔 여자(1955년생)와 내연관계를 맺고 자녀 D 씨(1981년생, 여자)를 낳았다. 1985년경부터는 아예 집을 나와 내연녀 및 그 딸과 동거하기 시작했다. 약 40년이 지난 지금도 A 씨

는 내연녀의 집에서 살고 있고, 본처는 A 씨의 어머니인 시어머니를 모시고 살다가 시어머니가 돌아가신 후에는 그 집에서 혼자 살고 있다.

2010년경 A 씨는 내연관계에서 낳은 D 씨에게 자신의 부동산 등 재산의 대부분을 증여하고 빈털터리가 됐다. 반면 C 씨에게는 2000년경 자신이 준 결혼자금 5,000만 원이 그냥 준 것이 아니라 빌려준 것이라면서 반환 소송을 하여 그중 절반을 돌려받기까지 했다.

A 씨는 현재 당뇨병과 고혈압, 뇌경색 등의 질병을 앓고 있고 치아도 모두 소실된 상태이다. A 씨는 자신의 힘으로는 생활을 유지할 수 없다며 본처 소생인 B 씨와 C 씨를 상대로 부양료를 달라는 소송을 제기했다. 그러자 B 씨와 C 씨는 40여 년을 첩 및 그 자식과 함께 살면서 본처인 자신들의 어머니를 오히려 첩으로 만들고 어머니와 살면 모시겠다는 자신들의 권유도 전혀 듣지 않았는데 그런 파렴치한 A 씨에게 어떻게 돈을 주느냐고 항변했다.

그러나 법원은 친족관계의 부양의무는 혈연관계에 기초한 부양의 도덕적 의무를 가족법상의 의무로 규정한 것으로서 국민의 국가에 대한 기본 권리인 생존권을 대체하는 것이기 때문에, 노부모가 과거 미성숙 자녀에 대한 양육의무를 다했는지 여부나 부양 권리자가 그 도덕적 의무를 다했는지 여부에 따라 그 존부가 달라질 것은 아니라고 했다. 단지 그러한 사정은 부양의 정도나 방법을 정하면서 참작하면 충분하다고 했다. 결국 부양 능력을 고려해 A 씨에게 한 달에 B 씨는 20만 원, C 씨는 10만 원씩을 부양료로 지급하라고 판결했다.

그러면 부모가 부양받아야 할 상태이고 자녀가 부양할 여력이 있는 한 어떤 부당한 경우에도 자녀는 부양책임을 면할 수 없는 걸까?

그렇지는 않다. 술만 먹으면 어린 자녀를 칼과 망치로 위협하거나 폭행하고, 자녀가 성년이 된 후로도 간혹 찾아와 노름빚을 갚아달라고 행패를 부린 한 아버지의 사건에서는 부양 청구가 권리남용權利濫用에 해당한다는 이유로 받아들여지지 않았다. 이처럼 극단적인 경우가 아니더라도 자녀에게 범죄를 저지르거나 양육의무를 다하지 않은 부모에게는 프랑스 등 다른 나라의 경우처럼 우리 역시 부양청구권을 인정하지 않는 규정을 마련해야 한다는 의견도 있다.

우리 사회는 전통적으로 내려온 경로효친 사상에 따라 어버이를 공경하고 모시는 것을 자녀가 마땅히 해야 할 도리로 여겨왔다. 그러나 요즘에는 노령의 부모를 반드시 모시고 살아야 한다거나 돌보고 부양하는 것이 의무라고 생각하는 자녀는 거의 없는 듯하다. 오히려 노년의 생활은 부모 본인의 책임이며 그렇지 않으면 국가나 사회가 감당해야 한다는 사고가 지배적이다. 부모가 양육의무를 다하지 않았거나 심지어 학대까지 했어도, 그 자녀에게 부모를 부양하라는 법적 의무를 지우는 일은 이제 너무 가혹하다는 생각이 든다. 그럼에도 사회복지 측면에서는 부양의 사각지대로 내몰리는 노년의 삶을 그대로 내버려 둘 수 없다. 스스로 자초한 일일지라도 최소한의 생존을 보장받아야만 우리 사회가 보다 건강하고 안전한 곳이 될 것임이 분명하기 때문이다. 우리 법이 지향하는 바도 마찬가지이다. 죽음의 위협 속에 살아가는 노년 인구를 최소화할 수 있도록 부양과 관련한 민법 규정 및 사회보장 체계의 정비를 멈추지 않았으면 한다.

장인도 사위로부터 양육비를 받을 수 있을까?

A 씨(1977년생, 남자)와 B 씨(1974년생, 여자)는 2008년에 결혼식을 하고 2009년 혼인신고를 한 후 딸 C 양을 낳았다. B 씨는 결혼 초부터 고부 갈등을 겪고 있었는데, 2015년 5월경 암 수술을 받은 후 항암치료와 요양 중에도 사정은 나아지지 않았다. 오히려 부부 사이와 가족관계까지 덩달아 악화돼 결국 2015년 12월부터 A 씨와 B 씨는 별거하게 되었다.

A 씨는 별거 직후부터 B 씨에게 이혼을 요구했지만 재산분할과 양육비 문제에 이견이 있어 협의상 이혼에 이르지 못했다. B 씨는 2017년에 A 씨를 상대로 이혼소송을 제기했고, 이에 대해 A 씨도 반소를 청구했는데 그 소송 중인 2018년 5월 B 씨가 사망해 소송이 종료되었다.

A 씨와 B 씨가 별거한 이후로 B 씨 혼자서 C 양을 계속 양육하다가 B 씨가 사망한 후에는 B 씨의 아버지이자 C 양의 외할아버지

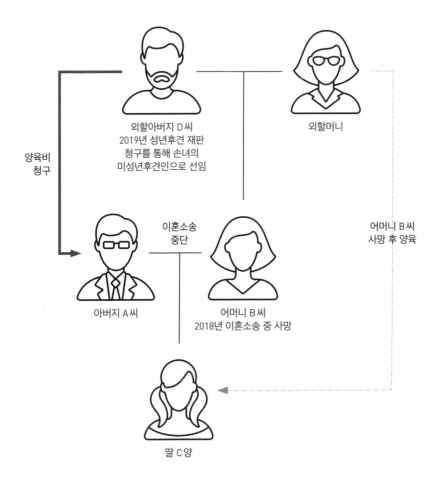

외할아버지 D 씨
2019년 성년후견 재판
청구를 통해 손녀의
미성년후견인으로 선임

외할머니

양육비
청구

이혼소송
중단

어머니 B 씨
사망 후 양육

아버지 A 씨

어머니 B 씨
2018년 이혼소송 중 사망

딸 C 양

인 D 씨 부부가 C 양을 맡아 양육했다. D 씨는 A 씨가 C 양을 돌보지 않고 아버지로서의 역할을 제대로 하지 않자 가정법원에 A 씨의 친권 상실 및 미성년후견 재판을 청구했다. 그 결과 가정법원은 2019년 A 씨의 친권 중 보호·교양권과 거소지정권, 징계권 등 양육과 관련된 권한 행사를 제한하고 D 씨를 미성년후견인으로 선임하여 그 부분에 대한 권한을 주었다.

5부 가족의 무게 — 가족과 부양

  A 씨는 B 씨와의 이혼소송 중에는 법원의 처분에 따라 C 양의 양육비로 매달 70만 원씩을 B 씨에게 지급했지만, B 씨가 사망한 후에는 지급하지 않았다. 이에 D 씨는 B 씨 사망 이후 A 씨를 상대로 가정법원에 양육비로 매달 200만 원씩을 달라는 청구를 했다. D 씨의 주장은 받아들여졌을까?

  먼저 A 씨에게 내려진 친권 제한과 D 씨를 미성년후견인으로 선임한 재판에 대해 살펴보자. 사례의 경우 A 씨와 B 씨가 공동으로 C 양에 대한 친권과 양육권을 가지고 있다가 이혼소송 중에 B 씨가 사망했기 때문에 일단 A 씨가 단독으로 C 양에 대한 친권과 양육권을 행사하게 되었다. 그런데 가정법원은 부모에게 미성년 자녀를 양육하는 권리를 그대로 두는 것이 오히려 자녀의 복리에 반한다고 판단할 경우 부모의 친권 중에서 보호·교양에 관한 권리, 거소를 지정할 권리와 같은 양육에 관한 권한을 제한할 수 있다.

  한편 단독으로 친권을 행사하던 사람이 친권을 상실하거나 그 행사가 제한되면 미성년 자녀의 보호와 양육에 공백이 생길 우려가 있다. 이러한 공백을 방지하기 위해 미성년후견인을 선임하여 부모를 대신해 그에 대한 권한을 행사하도록 할 수 있다. 미성년후견인은 친권자가 없거나 친권을 행사할 수 없게 된 때, 가정법원이 직권으로 정하며 보통은 친권자가 없게 된 시점에 함께 지내고 있던 조부모, 삼촌, 이모와 같은 가족으로 정해진다는 것은 앞서 본 것과 같다. 그래서 C 양과 함께 지내면서 C 양을 양육하던

273

외할아버지인 D 씨가 미성년후견인으로 선임되었고, A 씨가 행사할 수 없게 된 C 양에 대한 양육권을 행사하게 된 것이다.

양육비의 경우는 좀 더 복잡하다. 우리 법률에서 양육비 청구권은 미성년자를 양육하고 있는 한쪽 부모인 '양육친養育親'이 그렇지 않은 다른 쪽 부모인 '비양육친非養育親'을 상대로 미성년 자녀의 양육에 필요한 비용을 청구할 수 있는 권리이다. 다만 양육비는 실질적으로는 양육친이 자신의 이름으로 자녀의 부양료를 대신 달라는 것으로 볼 수 있어서 그 본질은 부양료와 같다. 그렇다면 사례와 같이 미성년후견인이 양육비를 청구한 경우는 어떻게 될까?

대법원은 부모에 관한 이러한 규정을 유추적용해 미성년후견인도 비양육친에게 양육비를 청구할 수 있다고 판단했다. 후견인이 피후견인인 미성년자를 충분히 보호하고 교육하기 위해서는 양육에 필요한 비용의 원활한 확보가 필수적인데, 법률에 명문의 규정이 없다는 이유로 허용하지 않는다면 미성년 자녀의 복리에 심각한 문제와 공백이 생길 염려가 있다는 것이다. 또한 미성년 자녀에게 양육비가 충분히 보장되어야 하는 것은 부부가 이혼해 한쪽 부모가 양육하고 있는 양육친의 경우뿐만 아니라 단독으로 친권을 행사하고 있던 부모가 더 이상 양육권을 행사할 수 없어 미성년후견이 개시된 경우에도 다르지 않다고 봤다. 오히려 자녀를 부양하고 양육할 의무가 있는 부모보다, 원래는 그러한 의무가 없었지만 가정법원 재판에 의해 의무를 부담하게 된 미성년후견인의 경우에 그러한 필요가 더 절실하다고 할 수 있다.

결국 비양육친 A 씨는 미성년후견인 D 씨에게 C 양의 밀린 양육비와 장래 양육비를 지급하게 되었다. 양육비의 액수는 쌍방의 소득과 재산 상태 등을 고려해 정해지는 것이 원칙이다. 서울가정법원에서는 '양육비 산정 기준표'라고 하는 대략적인 지침을 만들어 공표하고 이를 참작해 양육비 액수를 정하고 있다. 지나간 과거의 양육비는 양육 기간, 미성년자의 나이, 양쪽의 재산 상황 등을 종합적으로 감안해 법원에서 그 액수를 정하기도 한다. 사례에서는 판결 시점까지의 양육비, 즉 D 씨가 후견인으로 선임된 이후 2년 남짓한 기간의 양육비 총액 2,800만 원과 장래 양육비로 월 150만 원씩을 지급하는 것으로 결정되었다.

면접교섭에도 유사한 문제가 존재한다. 할아버지, 할머니가 이혼한 자녀의 아들딸, 즉 자녀와 이혼한 배우자가 홀로 키우면서 보여주지 않고 있는 손자녀를 만날 수 있는 권리가 있는지에 대한 문제이다. 만약 사례에서 A 씨가 단독 친권자로서 양육권의 제한 없이 C 양을 양육하게 되었는데, 외할아버지 D 씨 부부에게 C 양을 전혀 보여주지 않고 있다면 D 씨는 A 씨에게 C 양을 보여달라고 할 수 있을까?

비양육친이 일정한 조건하에 자녀를 만나거나 전화, 이메일, 영상통화 등의 방법으로 서로 접촉할 수 있도록 요구할 수 있는 권리를 면접교섭권이라고 한다. 2017년 6월 이전에는 면접교섭권을 부모와 자녀 사이에서만 인정되는 권리로 여겨 부모가 아닌 사람에게는 인정되지 않았다. 하지만 사회적 변화와 현실적 필요에 따라 법이 개정되면서 비양육친의 부모 등 직계존속은 비양육친이 사망했거나 질병, 외국 거주, 그 밖의 불가피한 사정으로 비양육친의 미성년 자녀를 면접교섭할 수 없는 경우 가정법원에 면접교섭을 청구할 수 있게 됐다. 이러한 경우 가정법원은 미성년 자녀의 의견, 면접교섭을 청구한 사람과 미성년 자녀 사이의 관계, 청구의 동기, 미성년 자녀의 복리에 도움이 될 것인지 등을 종합해 허용 여부를 판단한다.

D 씨 부부가 B 씨 사망 전에 B 씨, C 양과 함께 살면서 C 양의 보조양육자로서 C 양과 유대관계와 애착을 형성하고 있었고, C 양도 D 씨 부부를 만나고 싶어 함에도 불구하고 A 씨가 납득할 만한 이유 없이 막고 있다면 D 씨 부부의 면접교섭 청구는 받아들여질 것이다.

스님 되려고 친권을 포기하려 한 아빠의 사연

앞서 확인했듯이 부모가 자녀에 대해 행사할 수 있는 권리에는 친권과 양육권 있다. 그런데 미성년자를 보호, 교양하라고 부여한 친권을 부모가 자신의 편의나 사정을 이유로 포기하는 것도 가능할까? 스님이 되려고 친권을 포기하려 한 아버지의 사례를 보자.

A 씨(1978년생, 남자)는 2010년경 결혼해 미성년인 딸 B 양을 두고 있다. A 씨 부부는 10년 넘게 혼인생활을 지속하다가 2020년경 협의상 이혼을 했는데, 이혼하면서 미성년자인 B에 대한 친권과 양육권은 A 씨가 단독으로 행사하기로 했다.

A 씨는 혼인생활 동안 줄곧 정신적 방황과 삶에 대한 회의로 갈등해 오다가, 이혼하기 1년 전에는 고민 끝에 스님이 되기로 마음먹고 출가해 절에 들어갔다. 이후 A 씨는 절에 머물면서 수행하고 있었는데, 그 종단의 출가자 등록 자격 요건 중 하나가 문제가 됐다. 미성년 자녀가 있는 경우 종단이 정한 의무 교육을 받기 전까

지 법원 판결에 의해 미성년 자녀에 대한 친권을 포기해야 한다는 것이었다. 고민하던 A 씨는 결국 B 양을 돌보고 있던 자신의 어머니에게 부탁해서 B 양에 대한 자신의 친권을 상실시켜 달라는 청구를 가정법원에 내도록 했다. A 씨는 가정법원으로부터 친권 상실 선고를 받을 수 있었을까?

친권은 미성년 자녀의 보호와 양육, 재산 관리 등을 위해 부모가 가지는 권리인 동시에 의무이다. 최근에는 사회 인식 변화와 아동학대 증가 등으로 의무로서의 성격이 보다 강조되는 추세이다. 따라서 부모는 친권을 마음대로 포기할 수 없고 자녀의 복리에 맞도록 친권을 행사해야 할 의무가 있다. 다만 어떤 부모가 친권을 남용해 미성년 자녀의 복지를 심하게 해치거나 자녀를 위험에 빠뜨리게 할 우려가 있으면 국가가 개입해 필요한 조치를 하게 된다. 이때에는 부모의 친권이 제한되거나 상실될 수 있다.

친권이 제한·상실되려면, 우선 친권을 남용한 경우에 해당해야 한다. 친권의 남용에는 자녀 양육이나 재산 관리에 관한 권한을 친권 본래의 취지나 목적에 부합하지 않는 방법으로 행사하는 적극적인 남용과 권한의 행사가 필요한데도 의도적으로 이를 행사하지 않는 소극적인 남용이 있다. 적극적인 남용으로는 신체적·정신적 학대, 범죄나 성매매 지시, 가혹한 징계, 부적당한 거소 지정 등이 있고, 소극적 남용으로는 기본적인 의식주를 제공하지 않는 것, 양육이나 치료를 게을리하는 것, 정서적으로 냉대하거나 장기간 방치하는 것 등이 있다.

다음으로 친권의 남용으로 자녀의 복리를 현저히 해치거나 해칠 우려가 있어야 한다. 자녀의 이름으로 된 부동산을 헐값에 매각하는 것과 같이 겉으로 보면 친권을 부당하게 행사하는 것처럼 보여도, 그 동기나 목적이 자녀를 위한 것이고 그 결과 또한 자녀에게 이익이 되었다면 친권이 상실되지 않는다.

한편 아동이나 청소년을 상대로 성범죄를 저지른 가해자가 피해 아동의 친권자인 경우, 아동학대를 한 사람이 피해 아동의 친권자인 경우 등에도 친권이 상실된다. 이러한 경우 사건을 수사하는 검사에게 가해자의 친권 상실을 가정법원에 반드시 청구해야할 의무를 지우고 있는 것이 특징이다.

사례에서 법원은 B 양에 대한 A 씨의 친권이 상실되지 않는다고 판단했다. 첫 번째 이유는 A 씨가 출가자 등록에 필요한 교육을 받을 목적으로 B 양에 대한 친권 상실선고를 해달라고 주장했는데, 그러한 주장은 친권이 부모의 의무로서 마음대로 포기할 수 없는 것이라는 점에서 받아들일 수 없다고 했다.

또한 A 씨의 경우 친권을 남용하거나 현저한 비행을 저지른 것으로 볼 수도 없다고 봤다. A 씨가 B 양을 자신의 어머니에게 맡긴 채 절에 들어가 버린 행위가 아동학대에 해당할 여지가 있기는 하지만, 자신을 대신해 B 양을 양육할 것으로 기대되는 보조양육자인 어머니에게 B 양을 맡겼고 양육비도 부담하기로 했기 때문에, 친권을 상실할 정도의 아동학대에 해당하지는 않는다고 판단한 것이다.

A 씨가 불자佛子로서의 삶을 살겠다고 선언함으로써 장차 B 양의 복리를 해칠 '우려'가 생겼다고 볼 여지는 있다. 그러나 B 양의 복리에 대한 위험은 행위자의 과거 행태나 현재 성향 등에 비추어 객관적으로 예측되어야 하기 때문에, A 씨가 장래에 친권을 제대로 행사하지 않겠다는 의사를 표명한 것만으로는 그러한 우려가 있다고 볼 수는 없다고 했다.

부모의 친권을 상실하게 하는 것은 자녀를 보호하기 위해 국가가 취할 수 있는 가장 강력한 수단 중 하나이다. 그래서 법원으로서는 아동학대나 성범죄, 악의적인 유기나 방치 등과 같은 명백한 부모의 잘못이 있지 않은 한 부모의 친권을 상실시키는 데 신중한 태도를 보일 수밖에 없다. 부모의 친권을 상실시킬 것인지를 결정하는 데 있어서 무엇보다 중요한 기준은, 자녀가 올바로 성장하고 행복한 생활을 하는 데 부모의 친권을 상실시키는 것이 가장 적절하고 필요한 방법인지를 그 자녀의 입장에서 판단하는 것이고, 친권자의 주관적인 사정이 중요하게 고려되어서는 안 된다.

출생의 비밀

막장 드라마의 단골 소재인 '출생의 비밀'은 실제 우리 주위에서
도 간혹 찾아볼 수 있다. 유전자 검사 기관이 증가하고 검사 절차
가 간소화되면서 친자 확인을 시도하는 사람들이 늘어났기 때문
이다. 유전자 검사를 통해 아이가 자기 자녀가 아닌 것으로 판명
되었다면 이혼과 함께 친자관계를 부인하고 법적인 관계를 정리
하고 싶을 수 있다. 하지만 이를 위해서는 반드시 정해진 법적 절
차에 따라 진행해야 한다. 친자관계가 인정되는 조건과 부정할 수
있는 절차에는 어떤 것이 있을까?

 A 씨(1967년생, 남자)는 1994년 6월경 지인의 소개로 B 씨(1968년
생, 여자)를 만나 1994년 10월경부터 동거하다가 1995년 5월 5일
혼인신고를 했고 1996년 2월 5일 C 씨를 출산했다. 하지만 A 씨
와 B 씨의 부부생활은 성격 차이, 서로에 대한 폭언과 폭력, 경제
적인 문제 등으로 원만하지 못했다. 그러던 중 A 씨는 1997년 1월

경 B 씨가 집에서 회사 동료인 D 씨와 한 침대에 누워 있는 것을 목격한다. 그때부터 A 씨는 평소 자신을 닮지 않았다고 생각했던 C 씨가 자신의 친아들이 맞는지 의심하기 시작했다. 한 달 후 아들의 유전자 검사를 의뢰했더니 A 씨와 C 씨 사이에 친자관계가 존재하지 않는다는 결과가 나왔다. 이에 A 씨는 1997년 8월경 재판을 통해 B 씨와 이혼했고 B 씨, C 씨와는 연을 끊고 살았다. 이후 A 씨와 B 씨는 각각 다른 배우자와 재혼했다. C 씨는 2010년경 B 씨 재혼 남편의 성을 따라 기존 성을 변경하기도 했다. A 씨는 B 씨와 이혼하면서 친자가 아님이 판명된 C 씨와의 가족관계도 자연적으로 정리되었다고 생각했다. 하지만 최근 다른 일로 가족관계등록부를 떼보고 아직도 C 씨가 자신의 친자로 등록된 것을 발견했다. A 씨는 C 씨와의 친자관계를 부정하고, 자신의 가족관계등록부에서 C 씨를 지워버리고 싶다. 어떻게 해야 할까?

법률상 모자母子 관계는 '출산'이라는 사실만 있으면 인정된다. 그렇지만 부자父子 관계는 그보다 복잡하다. 자녀를 출산한 사람이 출생자의 어머니라는 것은 객관적이고 명확하게 구분할 수 있는 자연적 사실이지만, 아버지가 누구인지는 출생 자체만으로는 알 수 없기 때문이다. 그래서 자녀가 어머니의 혼인 중에 임신되었다면 그 어머니의 남편을 친아버지로 추정한다. 만일 어머니가 혼인 중에 임신한 것이 아니라면 일단 모자 관계만 성립하고 부자관계는 '인지認知'라는 절차가 있어야만 생긴다. '인지'는 혼인 외의 출생자에 대해 자신의 자녀라고 인정함으로써 법률상 친자관계를 발생시키는 것을 말한다.

　따라서 부자관계를 인정할 수 있는지 아닌지를 판단하는 데에는 출생자의 어머니가 혼인 중에 임신했는지가 중요하다. 우리 민법은 "아내가 혼인 중에 임신한 자녀는 남편의 자녀로 추정한다. 혼인이 성립한 날로부터 200일 후에 출생한 자녀나 혼인관계가 종료된 날부터 300일 이내에 출생한 자녀는 혼인 중에 임신한 것으로 추정한다"라고 정하고 있다. 이를 '친생자 추정'이라고 한다. 이러한 규정을 둔 것은 아내가 혼인 중에 임신해 출산한 자녀는 남편의 자녀일 가능성이 매우 높기 때문에, 혼인 중에 출생한 자녀와 법률상 아버지 사이에 혈연관계가 있는지에 대한 다툼을 방지하고 부자관계를 빨리 확정해서 자녀의 지위를 안정시키고 혼인 가정의 평화를 지키기 위함이라고 설명된다. 이렇게 친생자 추정을 받는 자녀에 대해서는 생부生父라 하더라도 재판해서 추정을 뒤집지 않는 이상 그 자녀의 아버지라고 주장할 수도 없고 그 자녀를 인지할 수도 없다.

　만약 친생자 추정을 받고 있는 사람이 부자 사이의 친자관계를 부정하고자 한다면 반드시 '친생부인親生否認의 소'를 제기해야 한다. 친생부인의 소는 생모 또는 그 생모의 남편만이 제기할 수 있는데, 자녀와 법률상의 아버지 사이에 혈연관계가 없음을 알게 된 날로부터 2년 이내에 제기해야 한다는 제약이 있다. 이 경우 단순히 혈연적 친자관계의 여부만으로 부자관계를 정리할 수 있는 것은 아니고 가족관계의 제도적 안정을 위해 만들어진 친생자 추정을 깨뜨려야만 친자관계의 부정이 가능하다.

　반면에 친생자 추정을 받고 있지 않은 관계라면 보다 간편한 '친생자관계 부존재 확인의 소'를 제기하면 된다. 예를 들어 혼전 임신으로 결혼해 혼인 성립 후 200일 안에 아이가 태어났다면 친생자 추정은 미치지 않는다. 이때 부부의 자녀로 등록되어 있다고 하더라도 가족관계등록부에서 말소하기 위해 이 소를 제기할 수 있다. 친생자관계 부존재 확인의 소는 생모와 그 남편은 물론 부자관계가 있는지 없는지에 대해 이해관계를 가진 사람은 누구나 청구할 수 있고, 소를 제기해야 할 시간적 제한이 없다는 점이 '친생부인의 소'와 다르다.

　사례의 C 씨는 A 씨와 B 씨의 혼인이 성립한 때로부터 9개월 후에 출생했기 때문에 B 씨의 남편인 A 씨와 법률상 부자관계가 있는 것으로 추정된다. 따라서 A 씨의 경우 친생부인의 소를 제기할 수밖에 없다. 하지만 A 씨는 C 씨와 혈연관계가 없다는 것을 20여 년 전에 알았기 때문에 이 역시 불가능하다. 그렇다면 친생부인의 소를 제기하지 않고도, 다른 반대되는 사실을 들어 친생자 추정을 부정할 수는 없을까? 이와 관련해 다음과 같은 법학적 의견이 있다.

① 친생자로 추정되는 경우에는 그와 배치되는 어떤 사실이 밝혀진다고 하더라도 부자관계를 뒤집을 수 없다.

② 부부가 사실상 이혼 상태에 있어서 장기간 별거하고 있었다

든지, 해외 근무 등으로 장기간 해외에 체류하고 있었다든지, 장기간 교도소에서 복역했다든지 하는 이유로 아내가 남편의 자녀를 임신하는 것이 물리적으로 불가능하다는 것이 겉으로 보아도 명백한 경우에는 친생자 추정을 번복할 수 있다.

③ 아내가 남편의 자녀를 임신할 수 없다는 것이 외관상 명백한 것은 아니더라도, 남편이 생식불능이거나 유전자 검사 결과 유전자 배치나 혈액형이 일치하지 않아 부자 사이에 혈연관계가 존재하지 않는다는 것이 의학적, 과학적으로 증명된 경우에는 친생자 추정을 번복할 수 있다.

④ 친생자 추정 제도가 가정의 평화 보호를 주된 목적으로 하는 것이기 때문에, 법률상 부모가 이혼하는 등 보호해야 할 가정의 평화가 더 이상 존재하지 않는 경우에는 번복이 가능하다.

C 씨는 ① 이나 ② 의 입장에서는 A 씨의 친생자로서의 지위가 부정되지 않겠지만 ③ 이나 ④ 의 입장에서는 부정될 수 있다. 하지만 대법원은 일관되게 ② 의 입장에서 아내가 남편의 자녀를 임신할 수 없다는 것이 외관상 명백한 경우가 아닌 한 유전자 검사 등을 통해 혈연관계가 없다는 것이 밝혀졌더라도 친생자 추정을 뒤집을 수 없다고 한다. 대법원의 입장에 따르면 A 씨는 C 씨와 부자관계를 부정할 방법이 전혀 없고 따라서 자신의 가족관계등록부에

서 C 씨를 삭제할 수도 없다.

　다만 최근에는 가족이나 혈연에 대한 사회 인식이 변화했고, 과거와 달리 유전자 검사 등 친자 여부를 판별할 수 있는 과학기술이 발달했기 때문에 친생자 추정이 부정될 수 있는 범위를 넓혀야 하며 그것이 오히려 가정의 평화와 자녀의 복리를 실질적으로 보호하게 된다는 목소리가 높아지고 있다. 다시 말해 부부가 오랫동안 함께 살지 못해 아내가 남편의 자녀를 임신할 수 없다는 것이 외관상 명백한 경우가 아니더라도 자녀의 어머니와 그 남편이 이미 이혼하는 등 혼인관계가 실질적으로 파탄되었고, 법률상 아버지와 자녀 사이의 사회적·정서적 유대관계도 단절되었으며, 혈액형 혹은 유전자형의 배치 등을 통해 법률상 아버지와 자녀 사이에 혈연관계가 존재하지 않는다는 것이 과학적으로 증명되는 경우에는 친생자 관계를 부정할 수 있도록 해야 한다는 것이다. 이러한 의견에 따르면 진실한 혈연관계에 부합하는 법적인 부자관계의 정립을 원하는 A 씨는 C 씨와의 친자관계를 친생자관계부존재확인의 소를 통해 부정하고 이에 따라 가족관계등록부를 수정할 수 있게 된다.

　조금 다른 차원의 문제이기는 하지만, 애초부터 부인이 남편이 아닌 제3자의 정자를 제공받아서 인공수정으로 임신한 자녀를 출산했다면 출생 자녀는 남편의 자녀로 추정될까?

　근래 자연임신이 어려울 때 대안으로 인공수정이나 체외수정 등 보조생식술을 선택하는 경우가 늘어났다. 난임부부 외에도 비혼 여성이 정자 기증을 받아 자녀를 출산하는 경우도 있다. 배우자 없이 인공수정 등을 통해 임신과 출산을 하는 일이 사회적으로 허용될 수 있을지에 대해서는 생명윤리법이나 모자보건법 등과 관련해서 논란이 있다.

인공수정은 자연적인 성행위가 아닌 방법으로 정자와 난자를 결합해 수정시키는 것을 말한다. 인공수정에는 남편의 정자를 제공받아 이루어지는 경우Artificial Insemination by Husband, AIH와 남편이 아닌 제3자의 정자를 제공받아 이루어지는 경우Artificial Insemination by Donor, AID가 있다. 남편과 아내가 합의해 남편의 정자를 제공받아 임신했다면 임신이 된 경위가 직접적인 성 접촉인지 인공수정인지 중요하지 않다. 이때 인공수정을 통해 태어난 아이가 자연임신으로 태어난 아이와 다르지 않다는 것은 당연해 보인다.

문제는 제3자가 제공한 정자로 인공수정 한 경우이다. 남편이 무정자증을 앓고 있어 서로 합의하에 제3자의 정자를 제공받아 자녀를 출산한 부부의 사례가 있다. 두 사람이 이혼하게 되면서 남편은 함께 키운 자녀를 매정하게도 친생자가 아니라고 주장했다.

우리 민법이 만들어질 당시에는 인공수정을 통한 임신 가능성을 생각하지 못했기 때문에 이러한 경우에 적용할 명시적인 규정은 없다. 그렇지만 법원은 제3자가 제공한 정자로 임신한 경우에도 친생자 추정 규정이 그대로 적용되고 남편의 동의가 있는 한 부부의 친생자가 된다고 판단했다. 즉 임신하게 된 구체적인 경위나 생물학적 진실성보다 가정의 평화와 자녀의 복리를 중요시하는 친생 추정의 법리를 인공수정의 경우에도 일관되게 적용하고 있는 것이다.

아직은 가족, 끝까지 가족

부양의 종류

- **1차적 부양의무**

  부양해야 할 사람이 부양할 여력이 있는지 여부를 불문하고 부양받을 사람의 생활을 자신과 같은 수준으로 보장해야 하는 의무로 '생활유지적 부양의무'라고도 한다. 부부 사이의 부양의무와 미성년 자녀에 대한 부모의 부양의무가 여기에 해당한다.

- **2차적 부양의무**

  부양받아야 할 사람이 재산도 없고 돈을 벌기 위해 일을 할 수도 없는 상황임을 전제로, 부양해야 할 사람이 자신의 사회적 지위에 걸맞은 생활을 유지할 정도로 생활에 여유가 있는 경우에 한하여 인정되는 부양의무로 '생활보장적 부양의무'라고도 한다. 성년이 된 자녀와 부모 사이의 부양의무, 그 외 친족 사이의 부양의무가 있다.

친자관계

- **친권과 양육권**
  친권은 부모가 미성년자를 보호하고 가르치고 양육하기 위해 가지는 신분상 및 재산상의 여러 권리로서 법정대리권과 재산에 관한 사항이 친권에 속한다. 양육권은 원래 친권에 포함된 것이지만 이혼하는 경우에는 분리될 수 있으며 교육, 의료, 거소 지정, 징계와 같이 자녀를 실제 곁에 두고 보호하는 사실상의 것들이다.

- **친권 상실**
  친권을 남용해 미성년 자녀의 복지를 해치거나 위험에 빠뜨리게 할 우려가 있는 경우 국가가 부모의 친권을 제한하거나 상실하게 할 수 있다.

- **친생자 추정**
  가족관계의 안정을 위해 '혼인 성립 200일 후 출생한 자녀, 혼인관계 종료 시부터 300일 이내에 출생한 자녀는 남편의 자녀로 추정'하도록 하는 민법 규정. 친생자 추정을 뒤집어 친자관계를 부정하는 방법은 유전자 배치나 혈액형이 일치하지 않는다는 것이 과학적으로 증명된 것만으로는 안 되고, 혈연관계가 없음을 알게 된 날로부터 2년 이내에 제기해야 하는 친생부인의 소송을 통해서만 가능하다.

에필로그 — 내가 남길 유품

〈무브 투 헤븐Move to Heaven〉. '유품정리사'를 다루는 한 드라마의 제목이다. 이 드라마의 주인공은 고인이 생전에 미처 하지 못했거나 꼭 남기고 싶었던 이야기를 유품 정리 과정에서 발견해 유가족에게 전해주는 일을 한다.

쓸쓸한 죽음이 발생하고 유족을 비롯한 그 누구도 뒷수습을 하겠다고 선뜻 나서지 않을 때, 비로소 이를 대신 하는 사람이 유품정리사이다. 돌봐주는 사람, 지켜보는 사람 하나 없이 사망하는 고독사孤獨死가 늘어감에 따라 실제 유품정리사의 이야기도 종종 접하게 된다. 유품정리사들은 누군가 떠난 공간과 남긴 유품에는 그 사람의 인생과 생각이 고스란히 담겨 있다고 말한다. 빛바랜 사진 한 장, 때 묻은 수첩 한 권, 닳고 닳은 만년필에서 그의 기쁨과 눈물, 생각과 인생을 발견할 수 있다는 것이다. 때로는 남겨진 사람들에게 말하고 싶어 했던 메시지도 알 수 있다고 한다. 하지만 이들이 유품을 정리한다는 것은 유품을 가져갈 사람이 없거나 가져갈 유가족이 있어도 가져가길 원치 않는다는 뜻일 테다.

주위에 가족이 남아 있지 않기 때문일 수도, 가족은 있지만 관계가 단절되어 더 이상은 가족이 아니기 때문일 수도 있다. 혹은 경제적인 어려움 때문에 값어치 있는 물건이 남아 있지 않아서일 가능성도 있다. 간혹 뒤늦게 유족들이 찾아오기도 하는데 현금이나 예금통장만 가져가고 나머지 흔적은 버려달라고 한단다. 떠올리는 것조차 꺼리니 고인이 마지막으로 전하고 싶었던 마음은 당연히 볼 수도 들을 수도 없다.

지금까지 우리는 가족들 사이에 일어나는 여러 문제, 주로 남겨질 또는 남겨진 재산 때문에 다툼을 벌이는 경우들을 자세히 들여다보았다. 그런데 가져가려는 사람이 없어서 유품정리사가 정리해서 버리는 유품과 자식들이 서로 갖겠다고 싸우는 재산에는 어떤 차이가 있을까? 남겨진 이들이 아직도 가족인가에 따라 남겨진 것들에 대한 가치 매김은 달라질 것이다. 하지만 남기고 간 고인에게도 그럴까? 재벌가 회장이 남긴 거대한 재산과 가난하게 살다가 고독사한 사람이 남긴 만년필은 이미 죽음을 맞이한 고인의 입장에서는 차이가 없지 않을까? 남겨주는 입장에서는 무엇을 어떻게 남기는가 하는 문제보다 남긴 것을 통해 무엇을 전하고 싶은지가 더 중요할 수 있다. 그리고 그보다 더 중요한 것은 원하는 모습으로 추억되고자 하는 뜻에 있을지 모른다.

남겨진 가족들이 남긴 이의 마음을 살필 수 있다면 그 안에 담긴 진정한 유산을 발견하는 일은 어렵지 않을 것이다. 낡은 만년 필이든 거대한 재산이든 전하고자 하는 이의 뜻이 담겼다면 이들에게 그 무게는 크게 다름이 없다. 하지만 살펴보았듯 현실은 그렇지 않다. 수천억 원의 재산을 남겨주어도 감사하기는커녕 형제끼리 증오하며 싸우기도 하고 얼마 되지 않는 재산을 두고 조금이라도 더 갖겠다고 탐욕을 부리기도 한다.

남기는 이의 마음을 온전히 전달하는 일이 그리 수월하지 않다. 결과적으로 우리는 '무엇을 어떻게 남겨야 할까?'라는 질문으로 돌아올 수밖에 없다. 유산을 많이 남겨준다 해도 그 유산이 행복과 추억을 반드시 보장해 주는 것은 아니다. 그래서 언제 누구에게 무엇을 어떤 방법으로 왜 남길 것인가를 고민하고 결정해야만 한다.

나이 듦과 죽음에 대비해 무언가를 준비해야 한다는 이야기를 들으면 흔히들 "난 아직 아니다", "우리 남편은 그런 사람이 아니다", "우리 집안에는 그런 일 일어나지 않는다"라고 말한다. 살아온 시간보다 살아갈 날이 더 적다는 것은 분명하지만 노후나 사후를 위해 무엇인가를 준비하겠다는 마음을 먹거나 실제로 실행에 옮기는 것은 쉽지 않다.

가족들의 사랑 가운데 행복한 노후를 보내다가 아름답게 생을 마무리하는 이들도 많다. 그러나 갑자기 찾아온 정신적 어려움으로 인해 자신의 생각과 무관하게 재산이 이전되고 비참하고 힘든 노년을 보내는 사람 또한 적지 않음을 우리는 보았다. 아무리 구박

해도 평생 아무 말 없이 순종할 것만 같았던 부인으로부터 지금까지의 눈물과 고통이 담긴 이혼 소장을 받아 들고 목덜미를 잡는다면 이미 늦었다. 평소에는 한없이 온순하고 서로 우애 있어 보이던 아들과 며느리, 딸과 사위가, 갑작스러운 사고로 누워 있는 나의 재산을 두고 세상 시끄러운 아귀다툼을 한다면 그 역시 늦었다. 미리 현명하게 노후와 사후를 계획하고 준비하는 수밖에 없다.

'메멘토 모리Memento mori'라는 라틴어 격언이 있다. 로마 시대에 전쟁에서 승리하고 개선하는 장군에게 노예들이 외쳤던 말로 '죽음을 기억하라'는 뜻이라고 한다. 기세등등하게 돌아온 장군에게 '죽음을 잊지 말라'고 경고한 것은 당신도 죽음을 피해 갈 순 없으니 겸손하라는 의미였으리라. 죽음을 잊지 말자는 것은 죽음을 의식하면서 죽음을 두려워하고 숨으라는 것이 아니다. 죽음 앞에서 겸허하게 자신을 비추어 보고 잘 준비하자는 것이다. 인생의 후반전이나 연장전을 살고 있다면, 혹은 인저리 타임에 와 있더라도 이제는 더 늦기 전에 실행에 옮겨야 한다. 끝까지 가족이기를 원한다면, 아직은 가족일 때 준비해야 한다.

그렇지만 막상 실천은 어려울 수 있다. 무엇부터 시작해야 할지 막막하다면 먼저 가족들에게 나누지 못한 마음을 전해보자. 지난 세월 느꼈던 고마움을, 자칫 잊었던 미안함을 어색하더라도 힘겹더라도 전해야 한다. 내 도시락에서 우연히 발견한 계란 프라이로 동생이 입었을 수도 있을 상처, 가족끼리 알게 모르게 품었던 서운함과 애틋함은 솔직하게 내어놓지 않으면 평생 알 수 없다. 그리고 지금이 아니라면 공감과 치유의 시간은 영영 오지 않을 수도 있다.

그리고 나서는 인생 여정의 마지막을 어떻게 존엄하고 아름답게 마무리할 것인지 고민해 봤으면 한다. 웰빙well-being과 웰다잉well-dying을 위한 지침서를 읽어보고 삶과 죽음의 의미와 가치를 생각해 보는 것은 어떨까. 땅에서의 죽음이 영원한 죽음이 아닐 거란 생각이 든다면 신앙을 가져보는 것도 좋을 것이다. 무의미한 생명 연장과 고통을 계속하지 않고, 온전한 정신으로 사랑하는 사람과 이별할 수 있도록 미리 사전연명의료의향서를 작성하는 것도 좋다. 마음에 소원이 있다면 장기기증 서약을 통해 삶의 끝에서 누군가의 생명을 살리고 함께 살아 숨 쉬기로 결단할 수도 있을 것이다.

마지막으로 나의 배우자와 후손들이 무엇으로 나를 추억하게 할 것인지, 내가 그들에게 무엇을 어떻게 남겨줄 것인지 결정하면 된다. 정신이 온전하지 않게 되거나 뜻하지 않은 죽음에 앞서 임의후견이나 유언장, 신탁, 기부 등의 방법을 이용해 뜻을 남길 수 있음을 우리는 이제 알고 있다.

유품정리사들은 말한다. "돌아가신 분들도 말씀하실 수 있다." 당신 인생의 뒷모습은 어떠할 것인가. 이 땅에 무엇을 남기고 싶은가. 무엇을 남긴 사람으로 기억되고 싶은가. 남겨진 사람들이 기억하는 한 당신도 사라지지 않을 것이다.